裁判官のかたち

毛利甚八

Jinpachi Mouri

現代人文社

裁判官のかたち

まえがき

「裁判所も変わったなぁ」。

アポイントメントをとる受話器を握りしめながら、そう感嘆することの多い一年間だった。数年前まで、あれほど公的に話を聞くことの難しかった裁判官たちが、ずいぶん気楽に会うことを承諾してくれるのだ。

このインタビューを始めた二〇〇〇年春から、二〇〇一年六月に司法制度改革審議会の意見書が出るまでの約一年間は、天岩戸のように閉塞していた裁判所の重い扉が、ギギギギッ、と約三〇年ぶりに開いた、本当に希有な年回りだったのだと思う。

ここには『月刊司法改革』誌上で行った裁判官と元・裁判官の合計一〇人、そしてハンセン病訴訟原告団代表の弁護士・八尋光秀氏に対するインタビューが収めてあるが、エリート裁判官をほどよく含むよい塩梅のインタビュー集だと、われながら嬉しくなってしまう。

もっともエリート裁判官の人たちにすれば、私のインタビューを受けたことがちっとも得にはなってない。もとより法曹界で飯を食ってない筆者にしてみれば、すべてがダメ元である。宇宙飛行士みたいに国家全体を見渡す視野など持ちようがなく、官僚的大人および優等生の気持ちなど理解できない私の作法は、その人の肉声が聞こえないと考えれば、その論理に徹底的にタテツキ、からかうことだった。そんな原稿を知らん顔して、裁判所のファックスに送りつけ、「訂正はございませんか?」と尋ねる。エリート裁判官の人たちはムカツイただろうな、と心から思う。

ところが、彼らはファックスから吐き出された原稿を見て仰天したのかあきらめていたのか、ただの一人も自分の語った言葉を訂正しなかった。

私はテープをもとに、語り口を忠実に再現するし、語りの論旨に筆者のバイアスをかける手法をとらない。それにしても、私が攻撃した人ほど一字一句も修正しようとしなかったのだ。

「裁判官って、おもしろいな」と思った。ちょっと好きになった。

理屈が好きで、世俗のことをよく知らなくて、なんだか意地っ張りで潔く、よくよく考えれば本と旅しか知らない呑気な筆者とあんまり変わらないじゃないか。

だけど、待て待て。だまされてはいけない。ここには裁判官一人一人の半生と意見が開陳されているけれど、これから彼らが組織や群れの中でどうふるまうかで、日本の司法の姿はおそろしく、千変万化に変わってしまう。

このインタビューで彼らの一端を知り、後の仕事ぶりを見届けるのは、本を手にした読者なのだ、と思う。

毛利　甚八

裁判官のかたち

目　次

まえがき　2

出会い 1
浅見宣義裁判官
ぽかんとした勇気　7
判事補の震える手　柔らかくて過激な論文　敵はいない

出会い 2
石松竹雄元裁判官
裁判所今昔物語　18
戦争に翻弄された学生時代　助けてくださいアミダさま　裁判所の変質

出会い 3
近藤昌昭裁判官
最高裁判所の空気　31
「課付」と「係長」　「光満ちていない大法廷」　「前例がありませんので」
エリート問答　沈黙の戦略

出会い 4
岡健太郎裁判官
「新人類」世代の最高裁　43
最高裁で出会った裁判官　真空状態　「自由」を求めて
最高裁家庭局の仕事　大人になるために

出会い5
三十年前に出会った裁判官
裁判所を見捨てた女性裁判官 54
元気な裁判官　学校をつくる　自己評価の写し鏡　教壇に立つ

出会い6
井垣康弘裁判官
支部めぐりの後に 67
『ザ・ハリケーン』映画評を読んで　成績一番でもらった机　裁判官になることが決まった
ある裁判官との出会い　続く差別人事　調停システムの改革に着手　支部めぐりという受難
思いもかけぬ家庭裁判所への配属　須磨区連続児童殺傷事件との遭遇　少年審判と情報公開
事件当事者と向き合う　どんでん返しに富んだ人生

出会い7
森脇淳一裁判官
裁判所を大きくしよう 89
若草山で　違和感のあった司法修習生時代
勾留却下で負け続けた日々　地域に溶け込む

出会い8
園尾隆司裁判官
実務改革のトップランナー 102
「破産部」という修羅場　なくなった調書の認め印　エリート裁判官の出自
指の怪我で口頭試問を突破!?　民事事件のプロとして

裁判官のかたち

目　次

出会い9
山口毅彦裁判官
山河を放浪する九州モンロー主義者　115
如月会での出会い　エンタープライズ寄港阻止闘争　青春の放浪と司法試験
阪口罷免問題がきっかけで裁判官に　九州モンロー主義　山河に癒されて、九州の民の心の声を聞く

出会い10
井上弘通裁判官
司法改革に向き合う裁判官　129
自分を裁判員だと思って　なんとなく受けた司法試験に四年で合格　刑事裁判に改革は必要か
裁判員は裁判官の良さをわかってくれる　裁判官は時代より半歩遅れるほうがいい

出会い11
ハンセン病訴訟熊本地裁裁判官を語る
法の言葉が輝いた　144
ハンセン病訴訟の裁判官　訴訟の発端　判決に対する評価　杉山裁判長は勇気ある人？

座談会
浅見宣義×馬場健一×毛利甚八
市民に開かれた司法をつくる——二一世紀の裁判と裁判官　155
歴史の中の裁判官　司法制度改革のうねりの中で変わりゆく裁判官
司法を語り継ぐ「場」をつくる

あとがき　216

出会い1……浅見《あさみ》宣義《のぶよし》裁判官

ぽかんとした勇気

僕は経済同友会の人たちに感謝してます。彼らの発言があったから、司法改革の動きがここまで来た。

判事補の震える手

「初めての論文を投稿した時にはね、ポストの前で、封筒を持った手が震えましたなぁ」。浅見宣義さんはそう言って朗らかに笑った。

浅見さんは一九五九年、滋賀県北東部の琵琶湖湖畔の町で生まれた。県立高校に進学後、一浪をして東京大学へ、第四〇期の司法試験合格者として一九八八年、裁判官に任官している。

今や浅見さんは法曹界ではたいへんな有名人である。裁判官の有志二〇名(出向中を含む)で設立された「日本裁判官ネットワーク」の中心的存在であり、司法改革を論議する際に「もの言う裁判官」として欠かせない存在になっている。今年(二〇〇〇年)二月に日弁連などの主催で開催された「司法改革・東京ミーティング」でも、満席となったよみうりホールの壇上で政治家、財界人、連合幹部といった論客相手に裁判官の立場からの改革を静かに語り続けた。

現在の浅見さんの立場を作り上げるきっかけとなったのが、任官五年目の一九九三年夏から秋にかけて判例時報に発表した裁判所改革の論文「静かな正義の克服を目指して――私の司法改革案」であった。冒頭の言葉は、その論文を出版社に送る時の回想である。正しいと思った改革案を論文にまとめ、専門誌とはいえ裁判所の外の人々の目にも触れる雑誌に投稿する。手が震える自分に、あらためて裁判官である自分を発見した、と彼は言う。

「僕の最初の任地は京都地裁でした。京都はおもしろかったし、いい先輩もおったけど、裁判所自体が大きいし、自分の仕事を覚えるので精一杯というところがあったんですね。裁判所全体が見えるようになったのは、次に三重県の津市の地家裁に転任してからでした。津の地家裁は裁判官が七人、職員を含めて約一二〇名が働いていました。その程度の規模だと、全部所に目配りできる。所長と裁判官の関係、所長と職員の関係。事務局、地裁、家裁、簡裁の動き方。簡裁の裁判官の思い。そういうものが頭に入って、あぁ裁判所ってこんなところなんだなとわかった。裁判所の問題を深めることができました。

ちょうどその頃、僕はドイツに旅行に行ったんです。すでに木佐茂男教授（当時、北海道大学教授）が判例時報に発表されたドイツ司法の現状を読んで、知識は持っていました。

ドイツではヴァッサーマンという裁判官に会うことができた。そして彼の生き方に一番感動しました。ヴァッサーマンは法曹界で二一人のグループをつくって主に一九六〇年代後半に活躍した人です。

ヴァッサーマンと話していたら、彼はこう言うんです。

『ドイツでは、俺が裁判官の表現の自由を獲得したんだよ』。

どんな行動をしたのか尋ねると、彼は自分の本を持ってきてね。めくると、ヴァッサーマンが署名で書いた新聞の投稿記事がずらーっと並んでる。一九六〇年代後半に、彼は連日のように裁判所に対する意見を投稿し続けた、それが特集されたりもしたようです。僕が会った時は三冊の本を見せてもらいました。

日本では、裁判官が朝日新聞の論壇に投稿するだけで大騒ぎですよね。ところがヴァッサーマンは毎日のようにやった。

本を見せられた時、目が開かれたような感動を覚えました。当時の僕から見たら異星人ですよ。［世界にはこんな裁判官もおるのかぁ］と思いました。

あのエネルギーはすごいし、彼は広くものを見てる。

ヴァッサーマンは法壇を下げろとか、法廷と傍聴席の間の柵をとりはらえと主張した人で、僕から見ればささいな物理的なことにしか感じられない。だけど彼は、そういうささいなことに裁判官の哲学——裁判官が市民をどう見ているのか、市民と一緒にどう歩もうとしているのか――が込められているんだから頑張らなあかんと言う。

小さなことに裁判する心が入ると言われて、僕も法廷に花を飾らんといかんな、と思ったわけです」。

柔らかくて過激な論文

浅見宣義判事補(当時)が書いた論文「静かな正義の克服を目指して――私の司法改革案」は、平明にして的確、多くの実用的なアイデアが盛り込まれた画期的なものであった。一九九三年に発表されたのは次の三つの論文で、六回に分けて掲載された。

「その一　裁判所のイメージアップのために――裁判所CI作戦」

「その二　二一世紀の裁判官を育てるために――判事補研修制度改善の提言」

「その三　裁判所の組織、組織文化の改革のために――裁判所リストラ作戦」

裁判所CI作戦で浅見さんはこう語る。

裁判所はけっこういいところで、腐っても鯛である。だが世間の批判に対して、下級裁判所の裁判官は堂々と反論をしたり、司法改革論議に参加するふうでもない。そうした態度は裁判所に対する誤解を増幅するだけではないかとして、

《私の知ってる裁判所のよさや、裁判官の裁判に対する姿勢というものは、所詮裁判所内部で議論を持ちかけたり、国民が訴訟を起こした時に、議論を出した人に個々的に真面目に対応するというだけの「静かな正義」に過ぎないのであり、裁判所の役割が曲がり角に来ている現代において、何程の力も発揮できないのではなかろうか。これからの時代は、司法の利用者に最も近い下級裁判所、特にその裁判官が、旧来の殻を破り、裁判所のありかたや役割を積極的に議論し、言わば「動的な正義」を目指して発言する必要があるのではなかろうか》(判例時報一四五九号一四頁)。

余談ではあるが、この論文が発表された時、私は知合いの弁護士さんから教えられ、飛びつくようにして読んだ。

その頃、裁判官を主人公にした漫画『家裁の人』が評判になり、現職の調査官や裁判官に会う機会が生まれるとともに、裁判所の閉塞状況がちらりちらりと垣根越しに見え始めていた。どうやら漫画に描いているような裁判官はまったくいないらしい。漫画とはいえ、好ましい裁判官の虚像を撒き散らすことは罪ではないのか。そんな悩みにさいなまれていた。

だからこそ、浅見裁判官の論文がひどく嬉しかった。たった一人とはいえ、はっきりと外に向かって言葉を発している裁判官がそこにいるのだ。さっそく、漫画の登場人物である若い裁判官が引用したくだりの一部を読むシーンを作って、論文の存在を紹介した。

しかし、このインタビューのためにあらためて論文を通読してみて、当時の私の認識はきわめて表面的なものだと思い知った。

浅見宣義さんの語り口はきわめて柔らかであり、銀縁メガネをかけ背広を着た風貌も常識的なものだが、当時の論文に展開されている論理と現状認識はひとつひとつが丁寧に磨き込まれており、過激ですらある。

ＣＩ作戦では郵便局のイメージアップ戦略を紹介した後に、案内表示の設置、インテリアの改善、バリアフリーや育児に配慮した施設の充実、居丈高な法廷をソフトに作り替えるなど市民に利用しやすい下級裁判所改造の具体的アイデアが盛り込まれている。

判事補研修制度に対しては、《以上まとめると、判事補研修の基調は、「頼り無い判事補諸君。先輩裁判官と最高裁事務総局が、現在判事補に要求される実務上の知識や姿勢、仕事のノウハウ、司法政策上の傾向等何でも教えてあげます。それを十分身につけて、決して暴走しないようにしていただきたい。しかし、かといってイエスマンでは困りますから、求められる範囲内ではできるだけ自主的な判事補であっていただきたい」というところであろうか》(判例時報一四六二号二六頁)とばっさり切り捨て、返す刀で判事補を鍛えるためには狭い世界に閉じ込めるべきではないとして、それぞれ訴訟の多い分野を学ぶために、不動産の世界、政党や選挙管理委員会、日経連や労働組合および全国過労死を考える家族の会、どや街、少年院や鑑別所への体験入所など現場での研修を提言しているのである(判例時報一四六三号一七頁)。

裁判所リストラ作戦では、最高裁による中央集権的で形式主義的な改革が現場の裁判官をより形式主義に堕落させるとし、《裁判所や裁判官の間に上下関係や序列関係を付ける裁判所の組織及び組織文化を根本的に変えていくことこそ目的とされねばならない。裁判所内部の明文化された規則や制度だけでなく、いやむしろ明文化されていない慣習や行動様式こそ、裁判官の日常に影響するものとして、そしてその積み重ねによって動かしがたい裁判官の態度を決定していくものとして、改革の対象とされなければならない》（判例時報一四六五号三〇頁）と、最高裁判所の目玉を刳り抜くような言葉を吐くに至る。

この三つの論文は司法改革が叫ばれる今こそ、あらためて読み直されるべきものであり、司法制度改革審議会の答申の価値を推し量る鏡として使われるべきだと私は考える。

七年前、私が「物言う裁判官」の存在を知って嬉しかったこととは比べものにならないくらい、これだけの提言をたった一人の判事補から投げつけられた最高裁判所は慌てふためいたことであろう。しかし浅見さんは何の報復も束縛も受けなかった。

私が考える理由は二つ、浅見さんがあまりにも無邪気に真実を語ったから、さらに政治的なファイティングポーズを一切とらない相手を最高裁はどうすればいいかわからなかったのだろう。

敵はいない

「論文を発表した後も最高裁判所からは何も言ってこなかったですね。以後も人事で差別されている気もしません。今、預金保険機構に出向中ですが、金融が揺れ動いている現場を見るのもおもしろいと思って転任地の希望に入れておいたらすんなり通っただけなんです。僕はね、敵とか味方とか憎しみでものを考えたくないんですよ。最高裁に行った人たちだって特別に悪い人たちではないし、彼らなりに悩みながらやってると思うんです」。

――判例時報に論文を発表した後、自分のまわりにさざなみが起こるのは感じませんでしたか？

「みんな、おっかなびっくりやったな。浅見っていったいどんな奴や、と。しばらくしてぽつぽつと反応がありました。発表した当時は大阪地裁の堺支部にいたんですが、当時の支部長は『浅見くん、いろいろ言いたいことがあるの、わかるよ』と言ってくれましたね。ある検事の人は『あんなの書いていいんですか？』と驚いてた。

僕の高校の先輩に大阪高裁の長官になった人がおって、その送別パーティに出かけたんですよ。すると、その先輩が僕のところにやってきて論文を読んだというんです。『CI作戦と研修制度の改革はいい。だけどリストラ作戦はあれはいかん、許せん』。そう言うてえらい叱られてねぇ（笑）。正直な人で、僕は先輩相手やから『後輩ですから、これからもよろしくお願いします』言うたら、とまどいながら、わかったと言っておられました。

一番嬉しかったのは、堺支部の廷吏さんが僕の論文を読んで、感激してくれたことです。僕より年上の男性やったけど協力してくれてね。僕が法廷に出る時に花を飾るようにしてくれたんです。そのうち知合いの画家に頼んで絵を借りてきてくれて、法廷に絵を飾ることもやった。法廷は別の裁判官も使うから、その時は隠しとくんですわ。あれは嬉しかったね。やっぱりまわりの人が協力してくれんと、変えることはできないんですよ。でも、何回も花代を出したのに受け取ってくれなかったのには困りました」。

——ここに来て裁判所を取り巻く情勢は変わりましたね。裁判官がシンポジウムを開いて自由に発言するなんて、一〇年前は考えられませんでした。

「司法改革の流れは思ったより早く来た感じですね。規制緩和が言われているところに金融不安まで起こってきた。経済の仕組みをごそっと変えないと仕方ない状況になったんですね。経済を変えるとすれば混乱が起こるから、司法をきちっとせぇということになった。僕は経済同友会の人たちに感謝してます。彼らの発言があったから、司法改革の動きがここまで来た。財界の人たちの話を聞いて、いずれ大きな波が来るなと思ってはいました。それが去年(一九九九年)、波が来た。自民党や経団連から司法改革のレポートが出て、司法制度改革審議会を作る動きが出てきた。決断の時だと思って『コート21』という裁判官の集まりを母体に『日本裁判官ネットワーク』を立ち上げたんです」。

——もし浅見さんが最高裁に呼ばれたら、行きますか?　行くとすれば最高裁で何をするべきだと思いますか?

「もし呼ばれることがあれば、前向きに考えます。僕は今、司法改革について最高裁で大激論をせないかん思うんです。司法改革や法曹一元は必然の流れです。最高裁はその流れに積極的に対応するべきだと思います。それに最高裁は青年法律家協会と対話をして、暗い過去を清算するべきですね。

これから司法制度がどうなるかわからんし、裁判官も今までのような安定的な思考で自分の人生を考えることはできないと思うんです。陪審制度や法曹一元が実現すれば、裁判所に入って来た人たちと新しい裁判官像を作り上げていく必要があります。

弁護士が裁判所に入ることに最高裁は抵抗していますが、弁護士は社会の本質的なところを肌で知ってる。法律技術は裁判官が上だと僕も思います。だから法曹一元に抵抗する官の立場からは『質が低下する』『訴訟手続が混乱する』という言葉が出てくる。だけど、それに代わるかけがえのない価値があるんですわ。それを吸収できたら間違いなく司法にはプラスになる。職人的な法律技術だけじゃなく、民のぐちゃぐちゃしたないまぜのものが裁判所に入ってきて、その中からいいものが生まれていけばいいと思いますね。

僕は地方分権派で、最終的には高裁単位か全国の地裁・家裁・簡裁それぞれが裁判所や裁判官のあり方を考え、かつ実践できる制度ができ、情報をネットワークでつなぐようになればいいなと考えているんです。

対話の相手はいても敵はいない、そう考えて、これからも活動を続けようと思っています」。

インタビューの前日、浅見さんが働く大阪・本町界隈でお酒を飲んだ。中学生の頃、生徒が運営する学園祭をもくろみ教師たちにつぶされた話、生まれた町の町議のほとんどが選挙違反で捕まってしまった時の失望感、高校時代に創設まもない野球部のキャプテンとして厳しい練習をやりすぎて後輩を脱落させてしまった苦い思い出などを聞いた。

浅見さんは、まだ完全に崩壊してない地域共同体のリーダー的存在の家に生まれ、集団をまとめる意識と自治の精神を自然に身につけた人に見えた。共同体のリーダーというものは、内側をまとめるためにきわめて重層的で柔軟な思考方法を持つ一方で、外からの干渉に対しては頑固なほどの抵抗力を持つ必要に迫られる。そう指摘すると、

「人にそうやって分析されると、新しい発見があるねぇ。そういう僕を関西の裁判所の自由な雰囲気が育ててくれたんやな」。

浅見さんはくすくす笑った。

「やっぱり人間は大事な時期に筋を通すところを見極めて、見極めたならきちっと実行せなあかんよね」。

それは武士道ですか、と尋ねると、

「いやや、腹は切りたない」。

浅見さんははじけるように笑った。

日本の裁判制度という大きな枠組みの中で見ると、浅見宣義裁判官は二一世紀の司法制度を占うリトマス試験紙のような存在なのだろう。一〇年後もしくは二〇年後に、浅見さんが裁判実務の経験と広い人的交流を融合したベテラン裁判官となって、市民にもはっきりと理解できる独自の文化を持つ裁判所をひとつ切り回しているとしたら、司法改革というおおげさな言葉は必要なくなっているかもしれない。

出会い2……石松《いしまつ》竹雄《たけお》元裁判官

裁判所今昔物語

今は裁判所内部に活力の源泉がないんです。

戦争に翻弄された学生時代

石松竹雄さんは大正一四(一九二四)年に大分県の中津市に生まれた。その祖父・石松勝一は西南戦争直後の土佐立志社事件に連座して一年の禁獄刑を受けた人。その後、「快々として楽しまず、中津で煉瓦会社をやったり、大和龍田神社の権禰宜《ごんねぎ》をやったり、政治活動をしたり、いろいろと失敗を繰り返し」たという。

石松さんの父親はそうした祖父の家に婿養子で入った貧乏書生であった。父は教師としての人生を全うするが、夢は弁護士になることだった。理系への進路を希望していた石松さんはその夢を継ぐことを託され、一年限りの約束で熊本にあった五高の文科を受験するのだが、はからずも合格。結局、父君の希望通り東大の法科へ進む。

太平洋戦争の戦況悪化のため旧制高等学校が二年半に短縮となり、東大に入学したのは昭和一八(一九四三)年一〇月のことだ。講義に出たのは一年間だけであった。

やがて神奈川県大船の水雷工場で勤労動員学生として部品調達の仕事をすることになるが、工場はまともに稼働していなかった。次々に試作品を手がけては止めていく。本来の仕事である部品調達の仕事などなかった。結局、工場近くのトンネル工事現場に入り浸り、現場監督のような仕事を半年ほどやるうち、徴兵検査を受けることになった。

「兵隊生活に入ったのは終戦直前の夏のことです。高射砲一三三連隊の本部が下関にあり、門司側の山の上にある照空隊に配属されました。ここは敵機が来襲した時に、ラッパの大きい奴で敵機の音を追いかけて、目測で高度を測り、照空灯で照らす。そして、方向や速度を計算で割り出しては砲隊に知らせる部隊でした。ところが当時B29は高度一万メートルで入ってきましたし、陸軍の高射砲は七〇〇〇メートルぐらいの射程距離しかなかった。そもそも当たらないうえに僕が入隊した後に大規模な敵機来襲を受けた記憶がない。だから遊んでいたようなものです(笑)。そこで終戦を迎えるわけです」。

ようやく東大に戻るが、大学は学生を卒業させることを急いでいたらしく、一八科目で卒業するところを、兵隊に行った学生は一三科目で出すということになった。

「一三科目の試験を受けるためにばたばたと勉強をしましたが、当時は本も少なく、他人の民事訴訟法の本を借りて手で写したのを覚えています。食うに困っていたこともあって、昭和二一年の九月に卒業しました。卒業式では南原総長が『諸君は大学で勉学する機会には恵まれなかったが、得がたい社会経験、人生経験を積んだはずである』という意味の送別の言葉を述べられたのを、はっきりと記憶しています。

当時は法学部を卒業しても、一般の企業の求人はほとんどない状態でした。その頃、団藤重光先生のところへ検事局で行刑関係の仕事をする嘱託の募集が来ているのを知り、先生の紹介で検事局を訪ねました。僕は勤めながら高等試験司法科試験(司法試験)を受けるつもりだったのですが、長くいてもらわないと困るという。結局、そこで別の仕事を紹介されて東京区裁判所検事局の渉外係に勤めることになりました。当時、GHQが設置していたprovost courtと呼ばれる裁判所が桜田門の警視庁と品川警察署の庁舎の上の階にありました。そこで進駐軍の物資を不法に所持した犯罪などを処理していたのですが、僕は日本人の検事の下で英語の起訴状を書く仕事の手伝いなどをしていた。その仕事をこなしながら高等試験司法科試験を受けました。受験勉強というのはほとんどしていません。卒業試験のために本を読んだのが勉強といえば勉強だった。それでも昭和二二年の試験に合格、昭和二三(一九四八)年から第二期の司法修習生となるんです」。

終戦直後に裁判官になった人たちの回想を拾ってみると、裁判官はさほど魅力的な職業ではなかった、というニュアンスがにじんでいるようだ。

「はじめ行政官になろうかなと思ったが、司法試験に合格したので裁判官になった」と、さほど裁判官にこだわりがなかったように書かれたり、石松さん本人も「法律実務家にでもならねば仕方ない」と回想している。裁判官の社会的地位はそれほどに低いものだったのだろうか。

「司法修習生になった時、検事になってもいいなと考えました。僕の場合は東京区裁判所検察局（後に東京地方検察庁）で働いた経験から検事の人たちも意外にリベラルな人たちが多いなと感じていました。また弁護士になるかな、という思いもあった。

というのも、判事補という制度は中途半端で過渡的な制度だという当時の認識があったんです。そもそも新しい裁判所制度そのものが、法曹一元が基本にあって弁護士から裁判官になることが建前だったのでしょう。裁判官の任期が一〇年で区切ってあるのもその根拠の一つです。ところが当時はベテランの弁護士が裁判官になるような状況ではなかった。闇市の時代だから、判事も検事も食えなくてやめる人が多かったんです。当時、緊急金融措置令というのがあって給与生活者の給与は一世帯五〇〇円以上のお金が強制的に預金させられていました。そういう面では弁護士のほうが融通が利くいい仕事でした。裁判官の供給源を弁護士に期待できないので、若い修習生を判事補として仕事に就かせる制度が生まれた。判事補制度はいずれなくなるだろうというのが一般的な見方だったんです。

それに闇の食料を食べることを拒否して二人の裁判官が餓死するような時代です。一方に闇市という現実があるなかで、法を守り闇を罰する裁判官の仕事に就くのは正直言って気が進みませんでした」。

助けてくださいアミダさま

新しい裁判所制度は敗戦から連合国による占領へと、めまぐるしく価値感が変化する世相の中で生まれた。GHQがその地位向上にことさら力を入れたとされる裁判官という職業も、食糧難を生きるエリート青年にはこれほど懐疑的な見方をされていたわけだ。ところが石松さんは昭和二五（一九五〇）年、裁判官として任官する。ある独創的な裁判官との出会いがきっかけだった。

「昭和二三（一九四八）年春、第二期の修習生はまず実務庁に配属になりました。千代田区紀尾井町にあった司法研修所が建設中だったため、集合教育が後回しにされたのです。僕は大阪地裁に配属され、網田覚一という裁判官の法廷を傍聴したんです」。

それは地裁合議部に係属された統制違反の控訴事件だった。網田という裁判官は石松さんより二〇歳ほど年上で、当時は代理裁判長として法廷指揮をとっていた。統制違反で起訴されたのは大部分が零細な商店主か行商人で、闇の物資を扱った人々であった。

その法廷で、次のようなやりとりがあった。

裁判長「おまえの同業者はみな闇をやっとるか」。

被告人「はい、みなやっております」。
裁判長「みな捕まるか」。
被告人「いえ、捕まったのは私だけであります」。
裁判長「君、人づきあいが悪いのと違うか」。
被告人「そうでもないと思いますが」。
裁判長「これからは、見つからんように闇をやれよ」。

磊落《らいらく》な口調であった。そんなやりとりの後、網田裁判長が下す判決は執行猶予付きの罰金刑というのが常だった。網田は裁かれる側の痛みに敏感で、一見乱暴な言動をするものの、実にたくさんの本を読んで勉強をしている、リベラルな裁判官だった。

「私は網田さんの裁判を見て、これなら闇米を食べながら裁判官ができると思いました。

これは後に網田さんから聞いた話です。

ある時、網田さんが令状当番をしていると、闇米を運んでいたおばさん二〇人ばかりが捕まり、検事が勾留請求をした。勾留請求をされた網田さんはそれをすべて却下してしまった。すると網田さんの母校である高知の旧制高校の後輩に当たる検事が、何人か勾留を認めてくれないかと頼みに来た。

そこで網田さんはこう返事をしたそうです。

『検事のなかに一人でも闇米を食うてない奴がいたらここに連れて来い。そしたら、全員の勾留を認めてやる』。

結局、誰も来なかったと笑っていました」。

網田裁判官は昭和三八（一九六三）年に退官する。退官間際には訴訟指揮が誤解を受けたり、豊富なキャリアにもかかわらず高裁判事に選ばれないなど見方によっては不遇だった。しかし、大阪地裁には、誰が作ったのかこんな歌が拘置所あたりでささやかれているのが聞こえてきた。

鬼の○○○か
蛇の○○○○
情け知らずの○○○○○
助けてくださいアミダさま

「網田を阿弥陀になぞらえてあるわけですが、名前の挙がった判事はすべて実在で、それぞれの個性を意外に鋭く言い当てています。

網田さんは平成元（一九八九）年一〇月に亡くなられました。本当の自由人で、僕はその薫陶を受けて裁判官になったと言っていいでしょう。網田さんのような型破りな裁判官の話をしても、第四〇期以降の世代ではピンと来ないようです。でも、ああいう人がいた歴史を大切に受け継いでほしいですね。たとえ官僚裁判官でも本当に職権の独立を保持して、きちんと本を読んで勉強をすれば、リベラルで人間と世間を知った裁判はできる。われわれの時代はそういう意味では先輩たちからの刺激があった。一人の思想家の本を徹底的に読み込んだりしてね。そうやって先人の思想を吸収し自己研鑽をすることは、中途半端に一般の人と交流すること以上に、裁判官に必要なことではないでしょうか」。

裁判所の変質

ではその当時の裁判官の生活一般はどのようなものであったのだろう。

「僕が任官した当時は刑事事件がとても多く、裁判官もけっこう忙しくはありました。今と比べてどうかというと、忙しさの比較というのはとても難しい。しかし当時は宅調日をたっぷりとっていた。週に三日は原則として裁判所に行かない。当時は裁判官室も狭く、備品もなかった。机を交代で使っていたので、行っても机がないんです。

現在は弁護士の立場から裁判所を眺めてますが、今の裁判官は裁判所に毎日顔を出してるようです。そうすると、雑務が増えてるし、往復の通勤で体も疲れる。それがいいとか悪いとかは言えませんが、僕らの時代は裁判のことだけに没頭できた」。

現在よりも裁判官同士のつきあいは深かった、と石松さんは言う。そもそも裁判の合議体がひと組で個室を持つということがなかった。大阪地裁の場合、刑事部は四カ部で一つの広い部屋におり、机も交代で使っていた。民事は八カ部が一つ同じ部屋に入っていて、席は四つの部が使える数しかない。それを月水金と火木土という具合に交替で使った。

「広い部屋に民事の合議部が全部入っている。すると、よその合議が自然に耳に入るんです。それが若い判事補にはむしろ非常に勉強になるんです。

その代わりその部屋では判例を読んだり判決を書いたりはできない。宅調日に自分の部屋でやるわけです。ですから法廷に出る日はよその合議を自然に聴いたり、自分の合議体で雑談をしたり……。それに車がありませんので、みんな駅に歩いていく、自然に飲んで帰るということも多かった」。

裁判官室での話は合議を構成する裁判官の個性や部によってさまざまであったが、政治論議を熱っぽく語ることもごく当たり前のことだった。時には司法記者クラブの新聞記者が入って、新聞をにぎわす事件について議論が始まる。当時は裁判官自身に自主独立の気風があり、新聞記者との交流にも最高裁による干渉はまったくなかった。

「昭和三九(一九六四)年の＊大阪府教組事件の判決の時には僕は右陪席でしたが、新聞記者が判決の内容を聞きに来て、説明した後でキタの新地に飲みに行ったのをよく覚えています。

それぞれの裁判は当該裁判の部の責任でやっているわけですから、広報係に聞いても書記官に聞いてもわからないはずです。判決を下した裁判官から説明を聞くのが一番早く理解できるはずです。記者との交流は、裁判官にとっても勉強になり、新聞記者の教育にもたいへん役立ったはずです。

しかし、いつのまにか新聞記者が絶対に裁判官室に出入りしなくなったんです。総務課に広報の窓口ができてそこで交渉するようになり、書記官室にも顔を出さなくなりました」。

公の場としての裁判所が、次第に窮屈になり人の出入りを拒むようになったのは、一九六〇年代後半の学生事件の裁判が契機となった。学生運動のうねりから生じた事件を、検察は個々の犯罪の集積したものと捉え学生一人一人を起訴していったが、被告人の学生側は、運動全体を裁判で問うことを求めた。裁判のあり方そのものをめぐる激しい対立のなかで、裁判所は身を堅くしていったのだ、と石松さんは言う。

「学生運動の刑事裁判で、学生たちは裁判所を否定するという主張をしたわけです。その時、東京の裁判所は学生の言葉を真正面から受けて反発した。われわれ大阪の裁判官は、裁判所粉砕が正しいこととは思ってなかったのですが、それに挑発されて堅くなっては裁判所の意味がなくなるんだと意識してました。学生事件を契機に欠席裁判などの刑事訴訟法の改正もなされましたが、そういう変化は東京の裁判所がイニシアチブをとった。背景としては、東京では労弁や自由法曹団といった既成の団体が学生運動に対して否定的だったこともあるでしょう。

それに対し大阪のほうでは何人かの弁護士が学生運動の弁護活動を手がけ、従来からの弁護の伝統と新しい傾向をなんとかすりあわせようと努力されていた。一方で大阪の裁判官たちも強権的な裁判にならないように努力したんです。

僕の裁判では法廷に警察官を入れたことは一度もありませんでした。かなり法廷が荒れるのを放っておいたこともあったんです。警察官を入れて一日で裁判を片づけるよりも、二、三回の裁判を流しても辛抱強くやりました。僕自身はそういうやり方で切り抜けたと個人的に思い、昭和四九(一九七四)年に高裁に行くのですが、その頃から東京からがらりと裁判が変わってしまった。一回の法廷でやれとか、集中審理をやれとか、東京では裁判所の周囲も警備の警察官でぴりぴりした雰囲気になった。あの時代の変化は日本の裁判所を決してよくはしなかった。

もちろん学生運動には幼稚な面もあったでしょうが、若い学生たちの問題提起を正面から受け止めて裁判所はどう変わるべきかを、日本の裁判所はまじめに考えなかった」。

一方では青年法律家協会をめぐる裁判所内部での動揺もあった。昭和三四(一九五九)年の砂川事件における東京地裁の米軍に対する違憲判決を皮切りに一九六〇年代を通じて公安・労働関係の裁判で警察・検察に不利な第一審判決が相次いだことから、保守派の裁判官や政府与党の中から裁判の偏向を糾弾する声が挙がった。これを受けた最高裁判所は裁判官の管理を強めたといわれ、一九七〇年代には「司法の冬」という言葉が生まれた。

「違憲判決が相次いだ頃、裁判所が急にリベラルになったという認識は僕にはないんです。あの頃になって、憲法をはじめとする戦後生まれた法律が、実務家や学者によって詳細に検討されるようになってきたのではないでしょうか。また大衆運動の組織者の意識も変わり、法廷におけるルールに従った闘争の方法が整備された。肉弾戦から言論戦に移っていった結果があういう判決を生んだのでしょう。

先に言った学生運動の問題と青法協問題を境に、裁判所は変質していきました。最高裁判所は防御的になり、政権などの強いものに対して場当たり的な対応をしていくようになったと思います。

そして、強い意見を持つ人を裁判所内部に置けない体質を持つようになった。あれ以降、最高裁判所は結果的に反乱しない人だけを裁判官に選び続けたんじゃないでしょうか。

平成二(一九九〇)年に退官してから弁護士として活動していると、学生運動をやっていた人たちが弁護士になっているのに出会いますね。彼らがもし裁判官になっていたら、裁判所は変わっていたでしょう。その人たちが入っていれば、たとえば私たちが組織していた裁判官懇話会なども、議論が出て混乱はしたかもしれないが、活発になったでしょうね。既成のものに反発があっただろうし、にぎやかになったと思います。懇話会もいつのまにか静かになって、先細りになった。最高裁は権力に遠慮したことで人材を失ったんですね。今は裁判所内部に活力の源泉がないんです。

大阪の裁判所は戦後を通じて東京の裁判所とは違う気風を維持してきました。同じ人権派と呼ばれる裁判官でも、大阪では争いのなかにある実質的なものを汲み取ろうと努力してきましたし、裁判官会議の力も強く、判事補を含めて投票する部総括の選挙も最後まで残っていた。その制度も数年前に失ってしまいました。

裁判所を建て直すとすれば、最高裁判所が予算を自立してコントロールすることが大切ではないでしょうか。今は他の省庁と同じレベルで、大蔵省と交渉していると聞いています。予算の編成権は内閣にあるにしても、編成する過程では財政法に保障された最高裁の特別な規定があるはずです。お金の問題が解決しないと全体の構想も立てられない。まず最高裁が自立を図るべきです。

また個々の裁判官は、研修を最高裁任せにせず自分の手でやるべきです。自分で自分を磨くことのできる裁判官こそが、職権の独立を守り、法で守られるべき少数者のための裁判を実現できるのではないでしょうか」。

＊大阪府教組事件　勤評反対闘争での組合員の活動に刑事罰を求めた裁判で、第一審では無罪となった。

出会い3……近藤《こんどう》昌昭《まさあき》裁判官

最高裁判所の空気

キャリア裁判官が遠いって何ですかね。常識がないと言いますが、みんな普通の常識の持ち主ですよ。

「課付」と「係長」

五月下旬のある午後、私は飯田橋でタクシーを拾った。

「半蔵門の最高裁へ」。

車は新目白通りを九段下へ、右折して靖国通りへ入り、靖国神社前で三宅坂へと左折しかけた。携帯電話が鳴った。

電話は最高裁広報課からである。いつ着くかという問合せだ。あと数分と答えると、正門で待っているという返事である。

はたして、正門には二人のネクタイ姿の男の人が立っていた。一人は二〇代後半、一人は三〇前後である。名刺交換をする。若い人は広報課の「課付」、少し年上と見える人は同じく「係長」とある。

私は名刺を見つめ、「いったい、どっちが偉いのですか」と尋ねた。

若い人はかなりおしゃれである。大学時代はうまく遊んだように見える。物腰がさばけている。広報にいるのは、その如才なさが買われたのだろう。

その人が私の質問には驚いたらしい。一瞬、絶句した。

慌てて係長がとりなすように、「私は書記官で、こちらは裁判官ですから」。

それでも、どっちが偉いのかわからなかったけれど、きっと「課付」というたいしたことのなさそうな名前は、裁判官の世界では肩で風を切ることのできる肩書なんだなぁ、と思った。

「光満ちていない大法廷」

長野の小学生と一緒に大法廷を見学した。

一万トンの花崗岩で装飾された大法廷は年に数回しか使われないという。法廷の真上に直径一四メートルのアルミ製の吹き抜けがあって、裁かれる人が陽光で平等に照らされるのだと説明されている。

それにもかかわらず、この傍聴席の暗さはなんなのだ。よく晴れた日だというのに光はちっとも降り注いでいない。メモをとったり、資料を読んだりするのが辛くなるような、もしくはそういう気を殺ぐような、不愉快な暗さである。両端の記者席にメモ用のライトがついているところを見れば、いつもこのような暗さなのだろう。傍聴席の人間は、耳をそばだてる以外の何もするなと言わんばかりである。目の悪い人は席を探すのにも苦労するだろう。

重厚な石の建築や光による演出はけっこうではあるが、現代人はこの程度の仕掛けに恐れ入るような素人ではない。高いレベルの視覚的刺激を、映画やCG、アミューズメントパークといった文化消費によって経験しているからだ。第一、吹き抜けをかたどってきらきら光っているアルミニウムという素材そのものは今や高級でもなんでもない。安っぽくなった素材をありがたがっていた時代の名残りが、見る者には寒々として痛々しい。設計者は歴史を見通す目を持たないお手軽な近代主義者だったのだろう。

そもそも、昭和四九(一九七四)年に完成したという大法廷の向きはとても珍妙である。最高裁の正面玄関は皇居に向かっている。おおよそ東に向いているが、法廷のある建物だけは少し南に向きを振ってある。北側にL字型に延びる事務棟があって、その隣にソッポを向くように違う向きの法廷棟が並んでいる。

一枚のビスケットを二つに割って、その隙間がV字型になるように並べてあるような、そんな不思議な建物の配置なのだ。

「法廷棟の向きはどんな意味があるのですか」と広報の係長に聞いてみると、「さぁ、知りません」との答え。

後で資料として設計者・岡田新一氏と最高裁事務総局経理局長の対談を渡された。そこには、次のように語られている。

《岡田「いちばん考えましたことは、都市の環境にどういうふうにこの建物を合わせるか、ということです。まず主軸である法廷棟の軸を国会議事堂、国立国会図書館に合わせたということ。それと、この敷地は国立劇場の敷地にも隣接していて、敷地が不整形になっているため、一方で国立劇場に合わせる軸も入れたということ。この二つの軸を基本にして建物の配置を決めた」》

たしかに地図を見てみると、国会議事堂と国会図書館、最高裁判所の法廷棟は仲良く向きを揃えて、一直線に並んでいる。一方、事務棟は北隣の国立劇場と「軸」を合わせて平行に建っている。

広報がその意味を知らないというから、考えてあげよう。最高裁の人たちは「無思想」が大好きらしいが、思想なしにこういう不自然な建物は生まれない。

最高裁の玄関がある東の方向には当然、皇居がある。そちらを向きながら、皇室に失礼ではない建物のあり方はどのようなものか。それは、国会議事堂や国会図書館と整列し、そちらを向きつつ皇居から少し視線を反らす、そのような曖昧な態度が「公正らしい」という考えだろう。異論があるなら、説明できるようにしてください。

さて、広報課の二人は、私が小学生と一緒に説明を聞いている間、ずっと付き添っている。私は気が気ではない。二人がかりでフリーライター一匹を見張るなんて、税金の無駄遣いである。私が写真を撮りたいというと、「課付」くんは駄目だと言う。あほみたいな規則を守らせるために、司法試験に通ったエリートが私に付き添って……。まったくもって、時間と能力の無駄遣いだなぁ。

「前例がありませんので」

今から一四年前、一九八六年頃の話である。私は一度だけ最高裁判所広報課に電話をしたことがあった。漫画『家栽の人』を企画中のことで、裁判官の生活を描くには取材をして正確な知識を得たいと思ったのだ。受付から広報課に電話を回してもらうとオオタという人が出た。

「実は裁判官を主人公にした漫画を作りたいのですが、取材をできないでしょうか」と私。

誰かに相談するためだろうか、オオタさんはしばらくの間、電話をはずした。

やがてオオタさんは戻ってきた。そして、電話の向こうからこんな答えが帰ってきた。

「前例がありませんので、お断りします」。

以来、最高裁判所と接触をしたことは一度もなかった。

その話をすると課付の細野さんは、「そうですか。いやぁ、すいませんでしたね」と、頭をかいた。

コネが利いたのか、それとも私が出世したのか、追い払うとかえって面倒だと思われたのか、はたまた最高裁もいよいよ「もの言わねばならぬ」立場に追い込まれたのか。今回は取材が許され、二人の裁判官に会わせてもらえるという。

私たちは最高裁の大法廷を見た後、今まで行ったことのあるどこの官庁の庁舎よりも細くて、暗くて、時々ひび割れの見える事務棟の廊下を歩いていった。

「ところで、最高裁で働いている(判事一五人を除く)裁判官の数は何人ですか」。

「さぁ、わかりません」と広報課の「課付」くんは悪びれるふうでもない。

エリート問答

最初に会ったのは事務総局民事局の参事官である近藤昌昭さんであった。

近藤さんは三八期の任官である。今年四四歳、三八期の任官では年齢が高いほうだそうだ。というのも、近藤さんは慶応大学卒業後、商社に勤務したことのある迂回組だからだ。

「みなさんが名前を知ってるような商社に就職して、中東にモノを売る部署で働いていたんです。ちょうどイライラ戦争の頃のイラク担当でして、とても忙しかった。寝る時間を削って働いている状態で、何の蓄積もできない、ただ時間を切り売りしているような暮らしでした。そこで一年と少し働いた後、退社して司法試験を受けることにしたんです」。

商社で働いていても、自分で仕事のやり方を決定できるようになるには一〇年一五年という時間を経なくてはならない。近藤さんは商社を捨てた。そして、二五歳から司法試験に挑戦することにした。会社の寮から東京江戸川区にある自宅に戻り、高田馬場にある司法試験専門の予備校に通った。

「せっかくいい会社に入ったのになぜ辞めるのか。近所の目はそういう感じでした。昼間は家のまわりを歩けなかったですね。家賃と飯代は親に負担してもらい、二年間の浪人生活です。金がなくて一日に吉野屋の牛丼一杯なんていう日もありました。そして二年目、二七歳で司法試験に合格したんです」。

以後の近藤さんのキャリアを通観してみることにしよう。

一九八六年四月～八八年四月　東京地裁民事部☆
一九八八年四月～八九年三月　札幌家裁
一九八九年四月～九一年三月　札幌地裁刑事部
一九九一年四月～九三年六月　最高裁民事局局付☆
一九九三年七月～九五年三月　東京地裁民事部（うち一年ロンドン在外研究☆）
一九九五年四月～九八年三月　那覇地裁
一九九八年四月～九九年六月　東京地裁民事部☆
一九九九年七月～〇〇年現在　最高裁事務総局民事部参事官☆
（＊なお、二〇〇一年現在は、内閣官房司法制度改革推進準備室参事官）

「いやぁ、典型的なエリートコースですねぇ」。

「そうかなぁ」と近藤さんは不服そうに声を上げた。

近藤さんがなんと言おうと、任官当初に東京に配属されること、数年ごとに最高裁に呼ばれること、海外留学に行かされること、大都市とはるか遠くの裁判所を行き来するのは、多くの裁判官および元裁判官が認めるエリートコースの典型的な要素(☆印参照)なのである。

「初任あけで最高裁の局付や課付になる人もいます。その人たちは優秀でしょうが」。

ではエリート意識はないのだろうか。

「私はないですね、はっきり言って。この仕事もおもしろいんです。高校時代は生徒会会長でけっこう過激なことをやっていたこともあって、みんなで盛り上げて作っていくのが好きですから、今の職場でも与えられたテーマを係りの人と一緒に作り上げていくのは楽しい。ただ最高裁事務総局は忙しいので、みんな喜んで来ているわけではないんです。

私は地裁のほうが、精神的に楽です。裁判官の仕事なら自分でなんでも決められます、事務総局のように上下関係で仕事をしなくていい。地裁なら疲れた時は自分の判断で帰ればいいですが、たとえば国会会期中で国会質問があるかもしれないということになれば民事局長の答弁案を作って待機しなくてはなりません。官僚のような仕事もある。最高裁は新しい法律の運用やそれまでの運用状況を聞かれることがあるんです」。

民事局の裁判官が就くポストは、上から局長、第一課長、第三課長（第三課長兼任）、第二課長、参事官の順である。決まっているわけではないが、近藤さんの参事官というポストは、第二課長、第一課長と押し出すようにずり上がっていくことの多いポストだという。このほか、民事局には局付と呼ばれる若い裁判官が八名（うち一名は他局との兼任）いて、それぞれ局長や課長の命を受けて書類を作ったり調査をしたりしながら、事務総局の仕事を覚えていく。民事局の裁判官は総勢一二名。

これまでの通例でいえば、局付の若者はこの後海外に留学し、東京と遠い土地の裁判所（札幌や那覇）を往復しながら、数年ごとに回遊魚のように最高裁へ戻る。戻るたびに出世していく。出世魚のボラに喩えるとトドのつまりが最高裁長官ということになる。

このコースこそが、七〇年代の司法の冬以来、反体制的もしくは良心的な裁判官によって、人事差別の槍玉に挙げられることの多い特別な出世コースなのだ。

たとえば大都市に着任すると都市手当という物価高に配慮されたとする金がもらえる。しかも、それは大都市を離れても三年間は継続して支給される。東京と地方を往復している人は結局ずっともらえるのである。

「そんなにたいした額じゃありませんよ」と近藤さんは言う。

しかしもらえない裁判官にしてみれば、それは自らが低く評価された証拠と感じるのも当然だ。しかも事務総局を回遊する出世コースは若い時期に決定しているようにも見える。それが被害妄想だとしても、他にはっきりとした裁判官の評価基準がない以上、出世コースとの比較が裁判官の自己評価につながるのは仕方のないことかもしれない。

「最高裁が人事で権力を持っている、とよく言われますが、私は違和感があります。普通の会社でも人事というのは説明しつくせない、えも言われぬものですよね。

ただ、裁判所の組織をもっと活性化する必要はあると思うんです。そのためには一生懸命やってる人や斬新なことを提案している人は重用して、引き立てることが必要だとは思うんですが、今の裁判制度には引き立てるという手段がないんです。査定しても、給料をぱっと上げるというわけにいかないでしょ。もしできれば、あの人はあんな提案して実行しているから出世したとみんなにわかるし、年俸制にして公開したりしてもよいでしょうが、なかなか難しいことだと思います」。

――日本裁判官ネットワークの活動に対しては？

「いいんじゃないでしょうか。言ってることの中にはいいものもあると思います」。

――日本裁判官ネットワークに入ろうとは思わないですか？

「それよりも内部でやることがたくさん残っていると思います。内部の改革をやっていけばいい」。

――法曹一元についてはどう考えられていますか？

「裁判官に求められるのは双方の言い分を客観的に眺めることのできる冷静な資質だと思いますが、そういう能力を持った弁護士さんは成功していて裁判官より収入が多いでしょう。優秀な弁護士が裁判官になってくれるでしょうか。現状の弁護士からの任官制度でも手を挙げる人は少ない。法曹一元をして、一定の主義主張のある人が裁判官になって政治的な実現をしようとすると、裁判にならなくなる危惧がありますね」。

――キャリア裁判官批判に対してはどういう意見がありますか?

「逆にこっちが質問をしたいくらいです。キャリア裁判官が遠いって何ですかね。常識がないと言いますが、みんな普通の常識の持ち主ですよ。世の中の動きに対しても注意を払っています。むしろ私が勤めていた商社の人たちより常識があるんじゃないかと思います。ただ、バイタリティは商社の人たちのほうがあると思いますが」。

沈黙の戦略

近藤さんは、私がエリート、エリートと口走るのにいらいらしているようだった。一生懸命仕事をしているのに、ステレオタイプのキャリア裁判官像で矮小化される現実にうんざりしているのだろう。もっともなことだと思う。

ただ裁判官は、法という複雑なシステムを熟知した技術者であろう。その法の運用される場に、思想や個人の権利、生命という人間生活の生命線が関わっているために、裁判官の判断を国家という権威が支えるかたちになっている。これまでは国家の権威と裁判官の権威を重ねて見ることはごく普通のことであった。そのような視点を支えていたのは、官僚と民間の間にある絶対的な能力差と情報の格差であった。

その官と民の間の大きな格差が解消されてきたために、裁判官もまた、普通の技術者としての優劣を、率直に問われる時代が近づいてきているのである。

私たちは、自動車を設計することのできる技術者に、専門的な技術論や仕事ぶりなどは問わない。できた車が、使いやすく、安全かと問うのみだ。自動車メーカーは、この問いに必死で答えようとしている。

だが、最高裁はまだ隠すこと、沈黙することを世の中と対峙する戦略のひとつと考えているようだ。

「いつかわかってくれるさ」。

わかってもらうためには、相手の立場でものを考えなければならない。自分の情報を、発信する相手の土俵で評価し、取捨選択し、再構築しないと、情報や意見は伝わらないのである。

また、そうしたコミュニケーションを通じて見えてくるものこそ、本物のニーズなのである。

私は最高裁に欠けているものはスポークスマンだと思う。裁判所内での仕事の出来高や省庁間でのやりとりの成否などとは別に、裁判所と世の中の位置関係を測りながら、自らの立場や姿勢や意見をタイムリーに浸透させていくスポークスマンが必要なのだ。新聞記者に頼らず、自ら言葉を発するということは、そのために自己解体をすることでもある。

私がスポークスマン説をぶつと、近藤さんは困った顔になって「うーん、発信せんといかんねぇ」と唸った。

出会い4……岡《おか》健太郎《けんたろう》裁判官

「新人類」世代の最高裁

裁判官というのは、あまりまわりに乱されず、自分の気持ちに従ってやっていけるかなと考えたんです。

最高裁で出会った裁判官

前回の最高裁の記事を書いた後、いろんなことを考えた。

私は最高裁法廷棟の向きの意味を勝手に解釈し、大法廷の重々しい建築を笑い、プロ意識の希薄な事務総局広報課付の若い裁判官をからかった。最高裁の人々はあれを読んで何を考えるのだろう。鼻で笑うのだろうか。脂汗をたらたら流して反省するかな。なんでこんな馬鹿(筆者)を中に入れたのか、と内部的にもめるのだろうか。

さまざまな可能性を考えたが、「みんなで読まなかったことにして、粛々と仕事を進めていくのだろう」と結論した。

私が依頼した取材に対して、最高裁判所が被取材者として指定した二人の裁判官はともに三八期の任官であった。最高裁事務総局民事局参事官の近藤昌昭さんは四四歳、同家庭局第二課長の岡健太郎さんは四〇歳である。ちなみに私は今年(二〇〇〇年)四二歳である。

最高裁広報課が二人を選んだのは、おそらく取材者である私と年齢を合わせたのだろう。また、この連載の第一回目に登場した日本裁判官ネットワークの中心メンバー・浅見宣義さん(四一歳)に対抗して年齢を合わせたとも取れる。

真空状態

私たちは昭和三〇年代前半の生まれだが、団塊の世代の一〇年後に生まれた、相対的に人口の少ない「新人類」と呼ばれた世代である。「新人類」とは泉麻人、中森明夫、浅田彰などが二〇代後半で台頭してきた際にマスメディアが命名したものだが、浅田彰の特異な衒学《げんがく》的要素を除くと、まずはテレビや漫画といったサブカルチャーに耽溺する幼児性や子どもっぽさを持つ大人という括られ方をした。泉麻人や中森明夫の芸風は、子ども時代に味わったテレビや漫画の中身を克明に覚えていて、それに執着し再び味わうという点でほぼ共通したものであった。彼らはオタク文化の先駆者であり、成熟を拒否して自分を守ろうとした世代の代表だった。

私たちの世代は六〇年代から七〇年代にかけての政治的事件や学生運動を子ども時代に眺めている。そしてテレビを通じて観た連合赤軍浅間山荘事件に学生運動の終焉を感じ、その後に生まれる大衆消費社会のなかで成人していく。私の個人的体験から言えば、郷里の佐世保で目撃したエンタープライズ闘争(六八年)の混乱と緊張が原体験としてあり、成人してみると学生運動から離脱した糸井重里をはじめとするコピーライターたちが先導するあっけらかんとした快楽主義の社会が目の前に広がっていた。

裁判所制度を考えるとき、五五年体制下の左右のイデオロギー対立から生まれた二元的な言説は今も現役で使われている。最高裁に進むエリートと最高裁に差別される反体制的裁判官の図式は、それに変わるものがないまま、裁判所制度を語るための枕として、また権力を指弾するための足場として使われながら、次第に効力を薄れさせている。なにしろ「司法の冬の時代」以降、裁判所を語る新しい思想も言葉もない真空状態だから、古い武器でも使わざるをえないのだ。

そうした真空状態のなかで、「司法の冬」を体験してない世代がいよいよ司法という巨大な飛行機の、それぞれの持ち場での操縦桿を握るようになったのだ。

「自由」を求めて

岡健太郎裁判官は京都の生まれだ。遠い先祖は京都で質屋を営んでいた。戦前には京都の河原町に店を構えるほどの呉服屋として栄えたが、戦争中に経営が傾いた。岡さんの父親は店を構えず、旧知の得意先の家を訪問して和服を斡旋する「しっかい」と呼ばれる商いをしていた。

「私は一人息子ですが、父親は店を構えずに商売をしていますし豊かでもなかったので、跡を継ぐ必要もない。そこで高校の時に官僚になろうかと考えました。そういう話をしている時に先輩から『官僚になるなら京大より東大だ』と言われまして東大に進学したんです。ところが大学に来てみて、官僚というのは自分の思うようには生きられないということを知るんですね。それで弁護士になろうと思いました。大学四年の時に短答試験だけは通ったのですが、論文試験が通らなかったので大学に籍を残したまま浪人をしました。親からの仕送りは三万円で、奨学金を二つ取り、家庭教師のアルバイトをしながら勉強をした。そして二年後、大学六年の時に論文試験に合格するんです。ところが司法修習生として実務修習に出てみると、弁護士という仕事もお客さんに縛られる仕事だな、と感じたんですね。それに比べて裁判官というのは自分で決断ができて、自由やなと。こう言うたら悪いですけど、あまりまわりに乱されず、自分の気持ちに従ってやっていけるかなと考えたんです」。

さすがに京都の人だけあって物腰は柔らかく、話しぶりも控えめである。裁判官を志望した動機については、前回紹介した近藤昌昭裁判官ときわめて近く、人間関係に束縛されず、自分の裁量で仕事をしたいと願う気持ちが強い。キャリア裁判官批判をする人たちは裁判官を大きく包み込んでいる思考の枠組みを問題にするが、岡さんや近藤さんはその枠を意識しておらず、むしろ裁判官は相対的に自由であるという観点に立っている。

岡さんは一九八六(昭和六一)年四月に任官した。その後のキャリアは以下のとおりである。

一九八六年四月〜八八年六月	大阪地裁刑事部
一九八八年七月〜八九年六月	フランス在外研究
一九八九年七月〜九二年三月	最高裁家庭局付(少年担当)
一九九二年四月〜九五年三月	京都地裁民事部
一九九五年四月〜九九年三月	福岡地裁民事部
一九九九年四月〜〇〇年三月	東京家裁少年部
二〇〇〇年四月〜現在	最高裁家庭局第二課長(少年事件)

エリートコースについては前号で論じたので繰り返さない。ただ、私が不思議に思ったのは、任官四年目

の一九八九年から九二年まで最高裁事務総局家庭局付として少年事件の司法行政に関わった岡さんが、その後九九年まで家庭裁判所に配属されず、少年事件の法廷指揮を実際には執っていないということだ。履歴から推し量れば九九年から一年間の東京家裁への配属は、次の家庭局第二課長として迎え入れるための準備として行われたと見るのが妥当だろう。

最高裁家庭局の仕事

——現在は家庭局第二課長として少年事件の司法行政に関わってらっしゃるのですが、家庭裁判所には一年しかいらっしゃらないんですね。

「短いと言えば短いかもしれませんが、一年あれば最低限の実務は見れますからね」。

この言葉は、私には恐ろしかった。司法行政というものは、少年事件に対するパターン認識があればいい、という意味にもとれる。

また、局付の制度は、若い裁判官を予備的に選んで各局の司法行政の現場に慣らしておき、その後の人事評価によって局付の経験者から課長クラスの働き手を選び出すものだろう。ということは家庭局付に選ばれた時点で家庭局に戻ってくる可能性があるのである。ところが岡さんの場合、家庭局付から家庭局課長に選ばれるまでの間に、あえて家庭裁判所を避けるように地裁の民事部を渡り歩いているのだ。まるで、少年事件の司法行政をするためには実際の少年審判での経験や悩みは不必要だ、と考えられているかのようである。

その分野を知らない人のほうが仕事がやりやすいのだという最高裁の思惑があるのだとすると、最高裁で少年部の司法行政を取り扱う裁判官と現場の裁判官は仲間意識を持つどころか敵対関係にならざるをえないのではなかろうか。家庭裁判所で少年審判に取り組んでいる現場の裁判官は、自らの現場を変えられないし、出世もできないという絶望感を抱く可能性もある。現場の声を吸い上げて家庭裁判所を改善することが容易な関係とは思えない。

岡さんが指揮を執る第二課では、家庭裁判所の予算付けや設備などの手当をするのはもちろんのこと、少年法が改正される場合には法務省や国会などとの文言のやりとりをめぐってさまざまな意見の交換があるはずである。その時、現場をよく知る人と知らない人では大きな体温差が出ることも考えられる。少年審判の実務経験が軽んじられる理由が、私にはまったく理解できない。

――ここ数年、少年法をめぐってマスメディアではさまざまな議論がされています。少年事件が社会に不安と混乱を与えている時に、少年事件の確かなデータやケースを持っているのは全国の家庭裁判所だけです。最高裁が少年事件の全体の動向や少年事件に対する姿勢をはっきりと発言すれば、世の中はもう少し落ち着くことができると思います。発言しないのですか？

「発言するとまた怒られるのではないですか（笑）。最高裁長官が少年法改正を促進してほしいという発言をしたという記事があり、反対の立場の野党議員から反発があったようです。あれは新聞記者の書きぶりが元気よすぎたかな、という感じでしょうか」。

――しかし、廃案になった少年法改正案は、昔から検察の念願である少年審判への検察官関与と裁判所の要望である否認事件の観護措置期間の延長がセットになっていて、一般には意味がわかりくいですね。

「改正法案の趣旨自体はごく事実認定手続に限った話として出てきていただけなのです。たとえば山形マット事件が自分の担当になったと考えると、一人の裁判官として四週間でやれと言われると無理だなと思います。証人を調べる数が多いと見込まれることと、捜査段階でいったん自白したものが審判で否認した経緯があるので審判に残された時間が短くなっていること、裁判所で新しい論点が出てきて捜査機関ではない裁判所がそれを吟味するということになると法に触れる部分が出てくるところがあるんです。ところが、最近いろんな事件が起こっている関係で少年事件の凶悪化などとごっちゃになっている印象がありますね」。

――しかし、一般の人は改正される内容をほとんど理解してません。自民党議員あたりの「近頃の少年はけしからん」という俗論や厳罰化の声とぐちゃぐちゃに混乱した状態です。これほど混乱している原因は裁判所がはっきりとした意見を表明してないからで、責任の一端は広報活動を怠けている最高裁にあると思います。

「それを言われると(笑)……。われわれも少年事件については慎重に冷静に検討してほしいなとは思っています。非公開の原則があるので特定されるような情報が出るわけにはいきませんが、一方ではこれだけのケースを裁判所全体で扱っているわけですから、なんらかのかたちで情報を還元しなければいけないと、今まさに考えているところです」。

――もっとマスメディアに出て、きちんと発言してほしいですね。

「今(二〇〇〇)年五月の最高裁長官の会見の中のひとつのポイントもそこのところがあったかなと考えてます。これまでの裁判官はストイックでね、判決だけで語るべしという潔さを良しとしてきたわけですが、それだけでは誤解を受ける面があるし、もうちょっと(裁判官が)話をしていってもいいんじゃないかという話がありました。それを受けて、東京地裁では民事部で模擬債権者集会を開いたり、もっと講師を積極的に派遣するなどの動きが出ています。そんなかたちで、裁判所のほうからアピールしていくことが進んでいくかなと思います」。

岡健太郎さんもまた、最高裁事務総局の仕事よりも裁判官の仕事のほうがおもしろいと言った。司法行政の仕事は時間的にきつく、最高裁事務総局で働くために裁判官が努力するとは考えにくいという。

裁判官という仕事全体がエリートなのであって、事務総局の仕事は誰かがやらねばならないからやるにすぎない。

「事務総局の仕事は裁判事務とは異質なものなんです。裁判というのは事件の事実認定とそれに対する法律の適用が主な仕事で学問に近いんです。ところが司法行政はいろいろな予算を考えたり、どういう記録の書式を作るかを考えたり、こまごまとした仕事で柔軟性が必要かもしれませんね」。

話をするうち岡さんは「権力って何なのかなぁ」と私に問いかけた。素直な声であった。一方で草加事件の最高裁破棄差戻しの話題で「あんな証拠で一五年も裁判に巻き込まれた少年はかわいそうだ」と私が言うと、「あれは民事裁判の話ですから」ときわめて冷静な答えが帰ってきた。

無罪の少年が一人でもいた場合、冤罪に巻き込まれた人生や時間は返ってこない、考えるだけで胸が痛い。そうした思いは制度や法律を超えたものである。現実にはなんら役に立たない感傷である。しかし、そういう思いを持つ裁判官が最高裁で働くことは悪いことなのであろうか。裁判所を使わざるをえない人たちが裁判官席を仰ぎ見る時、そこに情を含めた人格を読みとろうとすることは無理難題なのであろうか。

大人になるために

最高裁事務総局で働く二人の裁判官と会ってみて感じたのは、個人としてはきわめて善良でまじめな人たちだなぁ、ということだ。

しかし、子どもっぽい。どこがと問われれば、自分の持つ力について無自覚なところと答えるしかない。彼らは最高裁事務総局の仕事と裁判実務を区別したがる。そして、裁判実務にある自由さをありがたがるが、それは机のまわりの小さな利己的な自由である。

「僕は自分の勉強部屋で自由に勉強するんだ。一〇〇点取ればそれでいいでしょ、ママ」という声が聞こえてくる。そして勉強部屋を出るとお父さん(最高裁)を異様に怖がっている。

憲法に身分を保障され、破格に安い官舎に住み、自由な裁量で仕事をこなし、そのうえに仕事上の過失は公務員であるゆえに個人としては問われにくい。これほどに優遇された裁判官が、社会的な責任よりも組織内部の多数意見に頼って世界を見る癖を持ち、法廷に立つ無力な人々のことを省みないとすると、裁判官は司法試験合格の既成事実にあぐらをかいた、裁判官という利権を守る頭のいい子どもの群れではないか。

なぜ私がくだらない世代論を持ち出しているかと言えば、「新人類」と呼ばれる私たちの世代だけが、戦後的な暑苦しい思想対立の世界と人間存在そのものが透明に溶け出すような人間臭の希薄な消費文化のどちらにも完全に呑み込まれなかった両義的で不安な存在だからだ。逆に言えば、戦後の思想対立の時代とプラザ合意以後の流動化した社会の両方を知る、架け橋になれる世代ともいえる。長い間、裁判所を支配してきた古いイデオロギー対立が後退していく今こそ、人間理解を基にした新しい発想で制度や言葉を更新する絶好の準備段階であり、岡さんや近藤さんはそれができる立場にいるのである。

私のインタビューを受けたことは、二人の裁判官にとっては不運なのであろう。しかし、司法という巨大なシステムに二つとない自己を投げ込んで生きる意味や価値を、そこに生きる個人のメッセージを聞きたくて、私は最高裁に出かけたのである。

出会い5……二二年前に出会った裁判官

裁判所を見捨てた女性裁判官

法曹を増やして、争いを増やせばいい、というのは悪い社会を作ろうとしている論議でしょう。

元気な裁判官

たった一人だけ、私がその人生をうらやましいと感じた現役の裁判官がいた。

一二年ほど前に初めて会ったとき、その人は関東圏にある地家裁支部で働いていて、漫画の取材のために訪ねて行った私たちを快く官舎の中に入れてくれた。彼女は四〇代で既婚だったが、単身赴任のため３ＬＤ

Kの住居の一部屋に机と本棚があるだけ、ほかの部屋はがらんとしていた。

彼女は自信に満ち溢れていて、快活にしゃべった。支部長の男性が「私は数学的に割り切れる民事事件のほうが好きだ」と語っただけで終始寡黙だったのと好対照だった。

「休みをとってよくチベットへ行くんです」と彼女は言った。「チベットの子どものために学校を建てようと思っているんですよ」。

裁判官にそんなことができるのか？　と驚いたのを覚えている。

その一方で、「勾留請求が来るといちいち悩みますね」と彼女は言った。ひどく深刻な表情だった。

「そんなに悩むんですか？」。

「えぇ、認めていいものかどうか、とても難しい」。

その苦しみがありありとわかった。私は彼女の印象をもとに元気な女性裁判官のキャラクターを創り、漫画の中で少年事件を担当させ、悩ませた。

その数年後、彼女から南の島に転任したという葉書が届いた。マグロ漁業の取材で旅行をしたついでに会いに行くと、飲み屋を予約して歓待してくれた。酒席には新聞記者をはじめとする地元の友だちがいて、新しい土地を大いに楽しんでいるのが伝わってきた。

「将来はここに住もうと思ってるんですよ」と、彼女は笑った。関東にいた頃よりもさらに元気であり、リラックスしているように見えた。

その後、彼女は裁判官を退官して南の島で大学教授になった。

日本の裁判官はたくさんの、服や飾りを身に着けている。学歴、司法試験以後の成績、歴任してきた地位、効率のよい仕事ぶり、ミスの少なさ、最高裁の後ろ盾。その服を脱ぎ捨てて、自分を語れる人に出会うのは珍しい。彼女の話を聞いていると、いつも裁判官であることを忘れてしまう。

それ以後、裁判官のことを考えるたびに彼女のことが気になった。裁判所の空気を知れば知るほど、その自由さと気迫の源がどこにあるのかを考え続けた。

「もしかして信仰があるからではないか」。

彼女は教会に生まれついた人だった。裁判所という機構の中で自由に振る舞うことができるのは、宗教という水準器が彼女の中にあったからではないか。そのことを確かめてみたいと思うようになった。

電話をかけてみると、「取材という目的でないならいつでもいらっしゃい」という答えが返ってきた。

「裁判所制度のことで男たちがあれこれ言っている論理の中で、名前を出して発言するなんて嫌ですね。裁判官だって、やりたいことがあるなら自由にやればいいんです」。

訪ねて行く機会をうかがううちに二、三カ月が過ぎ、彼女が東京に来る機会があって会うことになった。記事に書かないという約束で話をしたが、彼女がしゃべっていることは裁判官という仕事を考えていくうえでとても大切なことのような気がした。私は再び彼女に電話をかけて、話した内容を書いてみたいと伝えた。

「中身次第」という答えが返ってきた。

学校をつくる

——あなたは裁判官時代からヒマラヤに出かけられていましたね。ヒマラヤに行かれるようになったきっかけを教えてください。

「自分の存在とは何か、世界に隠されている本質とは何か。そういうことを人間なら誰でも考えますよね。私はキリスト教の家に生まれましたから、いつでも聖書がそばにありました。だけど、とても苦しいときに、いくら聖書のページをめくっても苦しみを解消する言葉に出会うことができませんでした。そこで仏教を学んでみることにした。臨済宗、曹洞宗、法華経なども目を通してみたのですが、とくに弟子たちが書きとめた釈迦の言葉や般若心経を解説した本を読むと、納得できる言葉があったんです。

私は釈迦やキリストが神だとは思っていません。宇宙意識にまで意識を拡大できた優れた人間だと思っているんです。彼らのような人は自分では言葉を書かず、後世の弟子たちが言葉を書き残すのが通例です。そういうとき、釈迦やキリストが広げた意識を、弟子たちの中にある限界性が本質を狭くしてしまうことがあります。私はキリスト教の言葉よりも、般若心経や釈迦の言葉のほうが限界性が少なく、より広いと思った。

勉強を続けるうちチベット仏教やダライ・ラマに自然に興味を持つようになりました。もともと私は自然に対する親和性がとても強いんです。八ヶ岳や富士山に登って下界とは違う空気を吸うのが好きでした。そういう自分の嗜好性と密教的で言葉を超える手法を開発したチベット仏教の特質が合致したので、ヒマラヤに行きたいと思うようになったんです。

実際にヒマラヤに行くようになったのは十数年前のことです。ヒマラヤ周辺の仏教国はたいてい訪ねました。でも、エベレストは見たことがないんです。私が訪ねるのは一〇〇年前に日本の僧侶・河口慧海がたどった道や仏教の聖地ですから、観光地には行かない。

私はガイドを使わずに一人で歩くのが好きなんですよ。ですから、山歩きをすると言っても五〇〇〇メートルが限度で、三八〇〇メートル程度の場所を自然を感じながら歩くんです」。

彼女が宗教に救いを求めた苦しみは、南北問題や環境問題をはじめとする人間の大きな問題が含まれていた。ヒマラヤに通ううちに、目先の悲観材料を見つめてヤキモキするのはやめよう、という気持ちになった。わずかでもいいから、自分にとって心地よいことをやってみよう。

そこで、ヒマラヤ周辺を旅するたびに目に止まった学校に行けない子どもたちのため、学校を作ろうと思い立った。

「学校に行けない子に文字や算数や科学を習わせることが自分に心地よいから、できる範囲でやろうと思ったんです。学校を寄付したり、別の場所では貧しい子どものために奨学金を整えたり、いろんなかたちがありますが、私が作った学校のうち一つが北インドで順調に運営されています。今は日本に支援者の方たちがいて、その人たちの寄付を教師の給料などの維持費に使わせてもらっていますが、基本的にはポケットマネーでやっていることです。誰かのお金を使って人道的なことをやっても意味はありませんからね」。

――そういう活動のために裁判官が休みをとって外国に行くことに抵抗はなかったのですか?

「おそらく私は裁判官の中ではもっとも頻繁に海外渡航をした人間ではないでしょうか。というのも夏期休廷期間と冬期休廷期間、ゴールデンウイークの三回は海外に行ってよいということになっているんです。夏期休廷期間が三週間、冬期休廷期間に有給休暇を合わせて二週間、ゴールデンウイークの一〇日間は、最高裁の許可をもらって必ず旅行をしていました」。

――巷間言われている裁判官の忙しさとは折り合いはつくのですか?

「休み以外はフル回転で働いていますよ。働いていた庁の中では処理件数は多いほうでしたし、控訴率も低かった。年間三〇〇件を処理しても控訴は一〇件程度、たいてい一桁でした。私は和解を勧告するときに、当事者双方に裁判の筋道をきちんと説明をしていましたから、双方が納得して裁判が終わっていたんです。それでも年に三回は海外に行けるんです」。

――海外旅行はそんなに簡単なものですか?

「許可を得ればいいんです。ただ問題は、まわりの(こんなに忙しいのに、行くのか?)という空気なんです。でも私は全然気にしませんでした。事件も処理しているし、当事者から不満も言われてない、と自信がありましたからね」。

――あなたの経歴を見ていくとエリートかエリートでないのかが、よくわからないところがあります。東京のまわりに長くいらっしゃるし、決して支部めぐりという感じではないのに、最高裁事務総局で裃を着る裁判官たちとも違います。

「私はエリートかどうかというのはどうでもよいことでした。ただ、私は仕事について悪い評価を受けていたわけではないと思います。行った先々でいい仕事をさせてもらっていましたし、裁判長になったのも同期では早かった。外国に出かけている経験や視野についても、わかってくれる人は理解してくれていました。同期や後輩の裁判官は、海外に出かけて勝手なことをしてると思っていたかもしれませんが」。

――まわりの人はあなたの行動力を見て、うらやましくもあったのではないでしょうか。裁判所のキャリアシステムを支えている慣習の中で、あなたのような自由で行動力のある人はいなかったでしょう?

「たしかに会ったことはありませんね」。

――それを支えたのは信仰の力だと思いますか?

「そうですね。当事者の中にはいろんな人がいます。また裁判所の司法部に蔓延しているひとつの雰囲気がある。そういうものを自分の感性でちゃんと捉えていたと思うんです。それに対して、自分の位置を確立しながら、できるだけ平和的な距離を持ちえた。それは戦おうということじゃないんです。戦おうという気持ちから発した悪いエネルギーが、自分にも相手にも影響を及ぼして良いものを生産していかない気がするんです。相手が気がつかないところをこちらが理解して肯定的なエネルギーで何かが変わればいいわけです。相手の立場をきちっと捉え、それと争わないようにしてきましたが、私の本質はまったく変わることはありませんでした」。

——裁判所制度がいびつだと思うのは、沈黙や不実行が有効で、そのほうが割に合うという感覚が内部にあるからだと思います。

「そうですね。しかし、裁判所の中で行動するとすれば、自分の中で深く内面化したものをもとに、軋轢を減らすために最大限の努力を払ってやるものだと思うんです。私は裁判官として、やりたいことをやったけど軋轢をおこすことはありませんでした。ただ一回だけ、残念なことがありました。九七年秋にヒマラヤで学校が開校する落成式に呼ばれましたけど、最高裁が海外渡航を許可しない時期だったので涙を呑んであきらめました」。

——どうして裁判官を辞めたのですか?

「この仕事が自分が一生やりたいものなのかどうかと考えたときに疑問があったので辞めたのです。やりたいか否かの基準がどこにあるかといえば、自分の内的平和が保てるかどうかだと思うんです。つねに葛藤があったり、これは苦しい苦しいと思っている日々は何かがおかしい。朝起きてから一日過ごす中で、心が平和で、自分のしていることに何か答が返ってくるような暮らしが私の求めているもので、裁判官という仕事がそういう仕事だとはとても思えなくなっていった。徒労感、疲労感が次第に大きくなってきたのです」。

——良心的に仕事をしても？

「うん。それは喜びですよ。そういう仕事をして、両当事者が共感しつつ私と一緒に良い解決を考えようと、忌憚のない意見を交換していくプロセスは満足できるものかもしれません。でも裁判所の中はそれだけじゃないでしょう」。

自己評価の写し鏡

このインタビューのために参考になろうかと考え、映画『ザ・ハリケーン』を観た。翌日には「首なし裁判」で有名な故正木ひろし弁護士の『裁判と悪魔』（合同出版、一九七一年）という本を読んだ。『ザ・ハリケーン』は人種差別から生まれた冤罪事件の再審による無罪判決までの軌跡を描いた映画であり、正木ひろし氏は戦後多くの冤罪事件の弁護活動で名をなした人だ。ともに背景にキリスト教という宗教が横たわっていた。

映画のクライマックスシーンの間に連邦裁判所の建物に刻み込んである「JUSTICE（正義）」という言葉が大きく映し出されるが、その源は聖書にある。

映画の中で法的な手続論が無罪判決を得るための障壁として現れる。それは無罪を証明する偽証の新証拠を判断するならば（冤罪と人種差別を看過してきた）州裁判所で行わなければならず、連邦裁判所で再審を続けるならば証拠は採用しないというものだ。
主人公である被告は法律論的に絶体絶命に陥るが、被告の「正義」という言葉に連邦裁判所の判事は顔色が変わり、立ち止まるのである。そして、あえて手続論を踏み越えて、新しい証拠を検討し憲法に則って無罪判決を下す。
このあたりの裁判官の行動は日本人の観客にはピンと来ないだろうし、行儀のいい日本の裁判官なら「滅茶苦茶だ」と吐き捨てるかもしれない。連邦裁判所の判事は、職務上の責任を果たすこと以上に、神の正義に頭を垂れる人間でなければならなかった。この映画はそこに希望を見ているのである。
正木氏は本の中で自分がキリスト者であることを公言し、次のような放埒な発言をしている。
《細川　いま天皇制時代という話があったが、戦後は天皇制の内容によって区別されるわけだな、裁判系統とか、裁判の内容とかいうのは。それはずいぶん変わってますか?
正木　天皇制時代のほうがいいな。
細川　これはおもしろい、あなたみたいな左がかった人が天皇制時代のほうがいいというのは。
正木　だって首なし事件のころは、いまよりもっと官憲の権力がつよい時代でしょう。逆にぼくがやられるのが常識ですわね。ところが天皇の赤子(せきし)に対して、こんなことをしていいかどうか……そのときぼくは、天皇は正しいと思っていたんだから、天皇の裁判官が、こんなことをしていいかどうかといったんです。なにしろ当時のぼくは、天皇すなわちヒューマニテイと、みとったんだから。(中略)

細川　そうすると天皇制といえば、これはヒューマニズムだね。その背景のもとに裁判をしとるんだから、裁判官もまた正義を歩こう歩こうとしていたという……。それが現代はなんにもなくなったものだから、なんか政略的裁判が多すぎるということですか?
正木　政略というより、彼らはうしろをみるんですよ。出世のことばかり考えて、どっちに行ったほうが女房子どもが喜ぶか、それだけを考えるようになる。(中略)
細川　ようするに、サムライがいなくなったというわけだ。法曹界に。
正木　小人珠をいだいて罪ありというヤツだ》(「日本の裁判　裁判は黒い霧?　細川隆元との対談」正木ひろし著『裁判と悪魔』〔合同出版、一九七一年〕一〇一～一〇三頁)。

正木氏だから言えた凄まじいブラックジョークであり、皮肉であろう。宗教が人間に強いるものは最後には実行である。しないことは罪なのである。宗教が良いとか悪いとかいう問題ではなく、官僚主義が不実行を戦略として使うことと鋭く対立するのだ。

私は正木ひろし氏ほど厳しい舌鋒で裁判官を語ることはできないが、裁判官と接する機会を持った一般人としての感想を言うと、彼らは自分の行動や良心を自己評価できるほどの写し鏡を持ってはいない。それほどに戦後の日本の状況が屈折していた、とも言えるが、そろそろ裁判や正義を語る真摯な言葉が積み上げられないと、時代は裁判官を置き去りにしたまま進んでいくだろう。

教壇に立つ

――司法改革で何かが変わると思いますか？

「発想が変わらないかぎり、なんの改革もありえないでしょう。人は人と分かち合い助け合うものだということが本来あるべき姿だと思わないで、自分が人より偉いものだと思ったり、人と自分は異質なものだという今の社会の前提を認めている。あっちの人が食べられられないで泣いていて、自分が持っていたらあげればいい。単純なことです。ところが、それはその人が悪い、運も悪いし、働きも悪い、自分はたくさん持っていていていいんだと思っている。そんな考えが幅を利かせているかぎりは、いかなる改革もできないでしょう。法曹を増やして、争いを増やせばいい、というのは悪い社会を作ろうとしている論議でしょう。改革なんかじゃないですよ。人が協調することこそ解決の道なのに、逆じゃないですか。現状よりも人が協調できるようにどうすればいいかを考えればいいと、私は思ってる。根本的には法曹もない、法律も必要のない争いのない社会が理想の社会でしょう。こう言うと絵空事だとか、現実味がない、宗教臭いという人がいるけど、このことこそ現実化されるべきことですよ。

法曹を増やし紛争を増やす改革の論議をして、いかに争いをなくすかは誰も考えない。私は短い一生をこういう異質な考えの下で費やすよりも、学生たちに私の基本的な考え方を伝えていくことを選んだんです。そして学生たちが人と争わずに、人に良くすることが自分を幸せにする道だということをわかってくれるように、教壇において述べようと思っているんです。私の講義は大変な人数を集めているんですよ」。

そう彼女は胸を張った。

ここに紹介した女性の元裁判官こそ、日本の裁判所に必要な「外部の眼を持つ」人だった。だが、裁判所は彼女にも見捨てられてしまったのである。

出会い6……井垣《いがき》康弘《やすひろ》裁判官

支部めぐりの後に

新憲法の精神を実現できるのは、戦中派のベテラン判事ではなく、戦後派の自分たちであるという自負があったんです。

『ザ・ハリケーン』映画評を読んで

まず、井垣康弘さんをインタビューの対象として選んだ経緯を書いておこう。

井垣さんは神戸児童連続殺傷事件の少年を審判した神戸家裁の裁判官として有名である。また日本裁判官ネットワークのメンバーでもある。

「井垣さんなら裁判官の世界を気さくに話してくれると思いますよ。いつでも紹介します」。

二、三カ月前、知合いのある弁護士さんがそう言ってくれた。その弁護士さんは井垣さんと懇意であり、いかに親しみやすい人かを説明してくれたけれど、私はどうしても、その好意に甘える気にならなかった。たとえ話題にしなくても、あの事件が重かった。

自らを「透明な存在」と規定し、「酒鬼薔薇聖斗」という名前で社会に恐怖と混乱を呼び起こした少年。その少年を審判した裁判官に会えると言われた時、手に負えない宿題を与えられるような気後れを感じた。

戦後の少年法(昭和二三年七月一五日成立公布)の精神を支持する人間として、便宜に甘えて事件をほじくりたくないという自己規制の気持ちと、どんなに少年の近くにいる人に話を聞いても、結局は「知る」ことなどできないという絶望感の両方があった。頭の片隅に、いつもあの事件のイメージが貼りついていながら、日本社会を震撼させた大事件に近づいて、自分の無力が証明されることが恐ろしかった。

井垣さんに会いたいと思うようになったのは、彼のコラムを読んだからだ。それは産経新聞に発表された『ザ・ハリケーン』の映画評で、私はそれを日本裁判官ネットワークのホームページ上で読んだ。

《刑事の証拠操作が巧妙で、判事も検事も弁護士も皆だまされてしまったのだ。証拠を偽造されると、裁判システムは弱点をさらけ出すのである。人種偏見の壁が厚く、弁護士たちがえん罪の証拠を集められなかったのも痛かった。この結果は、法律実務家に取っては、まことに厳しくつらい。現職裁判官が試写を見ていることはだれも知らないはずであるが、非難の視線が私に集中するような錯覚を覚えて、思わず「申し訳ない」とつぶやいてしまった。また獄中のカーターが、妻に対し「愛されているのがつらい」といって離婚を迫るシーンでは、泣きじゃくってしまった》（井垣康弘・映画「ザ・ハリケーン」を見て）。

その文章は「裁判官」という肩書きが明記されていなければ、決して裁判官が書いたとは思えない率直なものだった。小難しい法解釈も、裁判官らしい教訓もない、あっけらかんとした映画の感想なのだ。

「裁判官らしくないなぁ」。

スキだらけの文章に虚をつかれた思いがした。裁判官としての気取りや自意識が見事に取り除かれている。人に伝えることだけに徹した文章である。

あの重苦しい事件を担当した裁判官という先入観が消え、井垣康弘という人に興味が湧いた。電話をしてみると、いつでも会ってくれるという返事である。神戸に行くことになった。

成績一番でもらった机

官舎の書斎に古めかしい机があった。年月のせいで木目が浮き出た、いかにも年代物の両袖机である。大人が使うには少し低そうな、その無骨な作りは規格品ではなさそうだ。日頃、私たちの目に映っているものは凡庸な新品ばかりだから、奇妙な存在感を持つその机はまったく違って見えた。

「しぶい机ですね」。

そう感心すると、井垣さんの目がほころんだ。

「中学で成績が一番になった時に母親が喜んでね、この机を作ってくれたんです。引き出しの裏に作ったいきさつが書いてありますよ」。

今もその机を使って本を読み、起案をする。

井垣康弘さんは昭和一五（一九四〇）年に大阪に生まれた。西成区に飛田という遊郭があり、その苦界を囲う高い塀に隣接する漢方薬店の長男だった。終戦の頃、徴兵された父親が病を得て島根県で長く闘病生活を送った。また戦後漢方薬がさっぱり売れなくなったことも重なり、生家は貧しかった。六人兄弟の三番目として、一刻も早く社会に出て稼ぐことを求められる立場だった。

だが井垣家の長男はあまりにも優秀だった。

「私が通った中学は戦後バタバタと建てられた生徒数が一五〇〇人もいるような新設校だったんですが、私は飛び抜けてよくできる子と思われていたようです。最近、同窓会で聞いた話ですが、あるお母さんが父兄懇談会で子どもが遊んでばかりなので叱ってもらおうと思っていると、私の母親が手を挙げて発言をしたんだそうです。うちの子は学校から帰ってくるなり、本を開いて勉強している、せめて日が暮れるまでは外で遊ぶように先生から言ってくれないか。うちの母の話を聞いて、同級生のお母さんは何も言えなくなったという笑い話なんです。

私としてはガリ勉とか一番になりたいというでなしに、勉強がおもしろかった。学校の勉強が唯一の社会との接点で、中学で習う英語や数学も社会もすべてがおもしろくて興味津々でした」。

井垣さんが京都大学法学部に進学するのは、そのずば抜けた学力に家族の大きな期待がかけられたためだった。京都大学は大阪の実家から通える一番よい大学だった。大学の学費は免除してもらい、大学への交通費は家庭教師先から株主優待の無料パスをもらった。実家の負担は食費だけであった。

「ところが京大に行って講義を受けてみるとちっともおもしろくない。呆然としました。こんな悪口を言ってええのかなとは思うけど、大学では何のお世話にもならなかったという感覚があるんです。私の両親は尋常高等小学校しか知らない。大学で高尚な役に立つ学問を授けてくれるんだろうという親の期待を背負って京大に行ったら、空っぽやった。

とくにひどかったのが大石義雄という憲法学者がいて、右翼なんでしょうかね、憲法は天皇陛下がお作り賜ったものなんだという講義を一年間やってる。無茶苦茶です。みんな何回か講義に出て、やがてまもなく行かなくなるんですが、試験では、憲法は天皇が作ったと書けば優をくれるんです。大学二年の時にその講義を受けたんですが、そのあたりからすっかり大学を見限って、ぐれてしまった。四年間空振りみたいな気持ちでした。大学の後半は寮に入ってましたが、後半二年間は毎日麻雀をしていました。

いよいよ卒業ということになって、寮を出ることになった時、母親が掃除の手伝いに来てくれた。私の部屋に来てみると、本はろくにないし、押入れを開けると当時出始めだったネスカフェ(インスタントコーヒー)の空き瓶がごろごろしている。それを見た母親ががっかりして、あぁ情けない、という表情になった。その顔を見た時はものすごいショックでしたね」。

井垣さんは空白の大学生活を取り戻すために司法試験を受ける決意をする。司法試験に受かれば、大学に行かせてくれた両親に申し訳が立つ気がした。一年間留年をして独学で勉強を始めるが、すぐに合格するわけもなく結局二年半をかけて、昭和三九（一九六四）年の司法試験に合格するのである。

裁判官になることが決まった

昭和四〇（一九六五）年春に司法研修所に入るが、成績がよかったためだろう、教官から裁判官になることを勧める手紙が届いた。大阪で実務修習に入るが、すでに裁判官になることが決まっている扱いで、配属先の弁護士事務所は「どうせ裁判官になるのだから」と冷淡であった。

「あれは仕掛けがあって、これはと思う修習生がいると裁判所が先にツバをつけるんです。研修所の教官が裁判官になれと言うし、弁護教官や検察教官にも情報を流す。実務修習では大阪地裁の木下忠良判事の部に配属されたのですが、木下さんというのは部下を引き連れてポケットマネーで飲み歩きをするような親分肌の人で、お前はどうせ裁判官になるんだから判決の起案など判事補になったらなんぼでもできる、今は遊んどけと、民事裁判実務修習の間、開廷日の夜はいつも飲ませていただきました。成績は申し分ない、遊んでも、優はつけといてあげるよというかたちで飲ませて子分になれというふうだった」。

ある裁判官との出会い

木下忠良という裁判官は「大阪の首領(ドン)」と呼ばれるほどの権勢を誇る名物裁判官で、とりわけ人事に強い発言権を持っていたという。司法修習生として木下忠良裁判官に気に入られたことが、良くも悪くも井垣さんの裁判官としての後の人生を決定することになるのだが、そのいきさつは順を追って述べることにしよう。

昭和四二(一九六七)年、井垣さんは判事補として希望通り大阪地裁刑事部に配属される。戦後の大阪の裁判所が裁判官の独立を尊重する、きわめてリベラルな空気の漂う場所だったことは多くの裁判官・元裁判官が証言するところである。

大阪地裁には裁判長(部総括裁判官)の選挙制度が生まれており、判事補にも投票権があった。《部総括裁判官は、毎年一月一日付で最高裁判所が指名するのであるが、最高裁があらかじめ意見を聞く対象を裁判官会議から所長に改めたのをきっかけに、大阪では、先輩裁判官たちが、従前同様年末に民事部・刑事部別に選挙を行い、所長はその結果を尊重して最高裁に意見を述べるというシステムを作っていたのである。選挙権は未特例判事補にもあり、判事補会の集まりや、同期会の集まりでは、裁判長の品定めが時折行われ、皆自分のところの裁判長の自慢話を熱心にした。私も戸田勝裁判長の自慢をし、希望者には戸田裁判長と一杯やる機会を設営したり、逆に同期生に誘われて、そこの部の裁判長と飲酒する機会にも恵まれた。選挙の結果はシビアで、実力・人気とも特に優れている（と私が思った）裁判長たちはいつもほぼ満票で、評判の良くない（と私が思った）裁判長は、判事補の票がほとんど入っていない程度の得票であった。裁判長クラスの裁判官たちは、判事補票が期待できない人を落としてしまおうとは考えず、擁護票を投じていたのだと思う》（井垣康弘「私の構想する法曹一元制度」自由と正義二〇〇〇年一月号）。

この文章を読むと、私は村落共同体の若衆を思い出してしまう。たとえ直接の権力を振るえないにしても、若い世代がシャドーキャビネットを作って模擬的に意思決定を行い、選挙を通じて意思表示ができたとすれば、組織の中に、年輩者の緊張と若い世代の溌剌《はつらつ》とした気分の二重の空気が流れていたことだろう。たとえあからさまに当落に直結しなくても、得票数が一人一人の判事や判事補の評価の反映であることがはっきりしている以上、票の少ない裁判官は自分の仕事を省みる苦痛を味わっただろう。

大学時代には学生運動を遠巻きに眺めるノンポリだった井垣さんも、初任地の大阪地裁では戦後派の判事補として意気軒昂であった。係属した事件の見方について裁判長と激しい議論を戦わせることは当然だった。

「新憲法の精神を実現できるのは、戦中派のベテラン判事ではなく、戦後派の自分たちであるという自負があったんです。はるか年上の判事に向かって、判事補が民主主義を教えてやろうという気持ちがあって、調子に乗ってた。裁判長の選挙ができるなら、上席裁判官（裁判所所長の司法行政事務代理を務める裁判所のナンバー2）も選挙で決めようやないかということになったんです」。

続く差別人事

そういう気運が盛り上がってきた昭和四五(一九七〇)年、井垣さんは宮崎地裁延岡支部へ転任することになった。

井垣さんの転任後、上席裁判官選挙制の議案が大阪地裁の裁判官会議に提出され、否決された。大阪から裁判官仲間の風評が伝えられてくる。「大阪の首領」と呼ばれた木下裁判官は大阪を離れていたが、「井垣が、自分のいない間に勝手なことをした。あいつは大阪へ戻さん」と怒り心頭だという。いつのまにか造反する判事補の首謀者とみなされていたのである。

「宮崎にいた昭和四六(一九七一)年、宮本康昭判事補の再任拒否事件がありました。大変なショックでした。私も青年法律家協会に入っていて、宮本さんは尊敬する先輩でした。当時は青法協に入ってる裁判官は仕事のできる人が多く、いいポストに就いていていた。青法協に入れば出世できると思っていたくらいです。その頃、宮本さんは熊本にいた。心配で、延岡から阿蘇山を越えて走るバスに五時間も揺られて毎週訪ねて行きました。宮本さんの顔を見、声を聞いて安心し、帰りはビールを飲みながらまたバスに揺られるんです」。

司法の冬と呼ばれる時代が始まったのである。井垣さんは延岡支部から前橋地家裁、大阪地裁の後、松山地家裁大洲支部、岡山地家裁津山支部といわゆる「支部めぐり」を続けていく。私は支部めぐりそのものが悪いことだとは思えない。部外者としては支部めぐりで傷つく裁判官のプライドそのものも、よくよく吟味あるべしと言いたくなる。ただし、人事差別に伴う家族の苦労も軽くはないらしい。

差別は続く。昭和六三(一九八八)年、井垣さんは岡山地家裁津山支部から福岡家裁へ転任する。井垣さんの転任希望は大阪地裁の刑事部であった。

転出の際、福岡はどうかという打診を受け、高裁の陪席あたりかと期待して請けてみると家庭裁判所の家事担当。任地も大阪と反対なら、部署もまるで予想外であった。

支部めぐりから家裁へ、これが最高裁事務総局の思い描く懲罰人事であり、裁判官の転落コースなのだろう。

私は別に井垣さんに同情などしていない。井垣さんの裁判官人生をトレースしていくと、最高裁の人々の平凡な頭の中身が透けて見えるようでおもしろいのである。また、その後、井垣さんが裁判官として行動していく姿を見るための前置きとして書いたままでである。

これだけ差別されれば誰だって傷つく、飲んで泣いていたこともあったと奥さんは笑った。しかし、井垣さんは裁判官の仕事を忘れなかった。

「福岡家裁の家事担当は九州管内の保養所みたいな側面がありました。病気で一人前に働けない裁判官を配属して、家事調停の成立の時だけ顔を出すような軽い仕事を与える。紛争の解決に裁判官の介入する割合が低い職場でした。だけど、私は元気があり余っていたので仕事がしたかったんですね」。

調停システムの改革に着手

家事事件には離婚調停と遺産分割調停という二つの大きな柱があるが、井垣さんはその調停のシステムそのものの改革に着手する。

離婚調停で活躍するのは調停委員である。調停委員が夫婦それぞれの言い分を聞き、調停委員が双方の情報を独占するかたちで落とし所を見つけるのが従来の方法であった。その方法で解決する紛争はほぼ五割である。

「私は、調停委員が情報を独占するのは不合理やないかと思ったんです。そこで、調停室に夫婦を同席させて、話をするように変えた。まず調停委員と一緒に夫婦で話合いを持ち、それでも話が行き詰まったら、裁判官を加えた調停委員会で評議をして調停案を出す。その調停案をもとに、さらに夫婦で話合いを進めるんです。このシステムは、福岡から転任した大阪家裁岸和田支部でも調停委員や弁護士や学者を含めた研究会を作って研究を続けたんですが、調停の成功率が七〇％にまで上がりました。東京の家裁の判事たちも衝撃の手法とか言うて評価してくれました」。

井垣さんは家事調停に仕事のおもしろさを見つけ、成果も上がりつつあった。

しかし、差別は続き、意外なドラマが起こる。

支部めぐりという受難

ここでもう一度、井垣康弘判事の経歴を整理しておきたい。

第一九期の司法試験に合格した井垣さんは、昭和四二(一九六七)年、大阪地方裁判所刑事部に配属された。当時の大阪地裁には判事補を含めた裁判官による部総括(裁判長)の選挙制度があり、若い判事補が闊達に意見表明できる自由な雰囲気が漂っていた。

新憲法の精神を実現しようとする戦後派の判事補として、上席裁判官の選挙制度を作り上げようと運動していた井垣さんは、ベテラン裁判官に反逆者として疎まれるようになった。井垣さんが宮崎地裁延岡支部へ転任した昭和四五(一九七〇)年頃、何人かの若い裁判官たちが行政裁判で政権にとって厳しい判断を行ったことが契機となって、青年法律家協会、通称「青法協」に対する非難の声が自民党やタカ派裁判官を中心に湧き上がっていた。最高裁内部では自己防衛のための異分子狩りが始まり、井垣さんもまたその流れの中で「生意気な」青法協裁判官の一人として支部めぐりという受難に遭うことになるのである。

ただし、支部めぐりが裁判官のプライドを傷つけるという構図に私は素直に与したくない。支部めぐりに傷ついた時点で、裁判官は最高裁(本稿の「最高裁」とは、司法行政を担う事務総局を指す。以下、同じ)を頂点とするピラミッド構造の中に価値を置くことになる。そこにこだわりすぎると、出世に未練たらたらで傷ついている人と、最高裁という組織の弊害で苦しんでいる人との区別がつきにくくなる。そもそも憲法に謳われている裁判官の身分保障からみれば、裁判官とは国家にもっとも手厚く守られた専門職としての個人であり、権力とも派閥とも無縁であるのは明白だ。支部にも裁判官としての仕事があり、最高裁の仕事をはるかに超える喜びがあってなんの不思議もない。

思いもかけぬ家庭裁判所への配属

私は井垣康弘さんに二日間のインタビューを行い、その行動と意見に共感しながら記事を書いているが、それは井垣さんが裁判官としての仕事を忘れなかったからである。支部めぐりの後に、井垣さんは福岡家庭裁判所の家事部に転任するが、そこで夫婦同席の離婚調停という手法を開発したり、遺産分割調停に不動産鑑定士の活躍する機会をつくるなど、きわめて合理的な運用の改革に乗り出しているのである。

「福岡家裁にいる時でした。私は調停委員をやっている不動産鑑定士の人が、普通の調停委員の仕事をしているのが不思議でね。ある鑑定士の人と昼飯を食べた時にそれとなく話を向けてみた。すると、彼も自分の専門知識が遺産分割調停の席で生かされないことに疑問を持っていたという。しめた、と思いました。たとえば遺産として残された不動産を分割する時、不動産鑑定士があらかじめいくらくらいで売れるのか相場を調査をしたうえで、調停委員会（裁判官、不動産鑑定士委員、一般委員、弁護士委員）で調停案のたたき台を作っておく。その調停案を当事者や代理人同席のもとで協議する。うまくいかなければ、再び調停委員会で調停案を練り直していくわけです」。

支部めぐりを続けながらも、井垣さんは刑事事件を極めていく裁判官人生を想定していたという。思いもかけぬ家庭裁判所への配属にとまどい、それでも家事事件の中に裁判官として力を尽くせる場所を見つけていった。平成五(一九九三)年には福岡家裁から大阪家裁岸和田支部へ移り、夫婦同席調停や不動産鑑定士を活用した遺産分割調停の新手法を深めていく。

井垣さんが家事調停の現場で作り上げようとしたものは、必要な情報が解決に関与するすべての人に平等に行きわたり、なによりも当事者同士の対話が育てられていく場であった。また、不動産鑑定士の活用にみるように、調停委員それぞれの持ち味を引き出していくことにも主眼が置かれた。それは次のような論文中の感慨に表れている。

《以前の協議会で弁護士から、法律の素人で要件事実も分からない一般調停委員にどんな調査が出来るのかとの手厳しい質問があったが、実践の結果は、法律の専門家でもなく調査の専門家でもないが故に、反って核心を射抜いた調査つまり素人の市民の本音をしっかり聞き出した調査が出来ているようである。既済ケース三〇例を作って見て、しみじみそう思った》(井垣康弘「家事調停の改革」判例タイムズ一九九六年一月一五日号(通巻八九二号))。

さらに裁判所外部の多くの弁護士や学者に呼びかけ、新システムの研究会を持ち、その成果を専門誌や新聞に発表して理解を求めた。はっきりと目に見える成果もあがりつつあった。新システムを使うと、従来の調停に比べ、解決までの時間が短縮できることも確かめられつつあった。井垣さんの手がけた改革によって、なにより裁判所の利用者にとって好ましい変化が起こりつつあったことを、前掲の論文は伝えている。ところが、平成九(一九九七)年に神戸家庭裁判所への転任を承諾してみると、今度は少年事件担当であった。どんなに公平に見ても、これは差別人事だと筆者は思う。最高裁から見た「末端の」裁判所で、自らの力で仕事を喜びに変えていく人への最高裁の妨害に見える。最高裁は、差別人事にへこたれて、不合理な仕事ぶりをぼんやりと看過する裁判官がお好みなのだろう、と思えてくる。あまりにもお粗末な言葉遣いだから決して使いたくはないが、最高裁と最高裁に人事情報を吸い上げられている裁判官たちは、創造を嫌い、統制が大好きなのだという確信が湧いてくる。もしかしたら井垣さんが開発した手法の手柄を、こっそりと奪い取りたかったのかもしれない。どちらにしろ、法という偉大な価値を守る人々を支配しているのは怯えと嫉妬なのである。

須磨区連続児童殺傷事件との遭遇

平成九(一九九七)年、神戸家庭裁判所で働く井垣さんのもとに、「須磨区連続児童殺傷事件」の被疑者である少年が送られてきた。

私はこの事件について、井垣さんからインタビューをとっていない。この事件が井垣康弘裁判官にとって、大きな契機であることは確かだけれど、事件の中身そのものは別の機会に深く考えるべきだと思ったからである。

ただ、なりゆきとして、井垣さんと一緒に須磨区の事件現場を歩くことになった。そこは神戸市の都市機能が山越えをして進出していった場所であった。港町で後ろに切り立った山岳地帯を持つ神戸市は、膨張する土地を求めて、わずかな集落があった山間部に町を切り開いたのだ。地下鉄の駅のまわりにスーパーや量販店が並び、そこを足場に山を削ったベッドタウンが広がっている。事件の起こった住宅街の周囲の、さらに広い地域に今も住宅街が拡大しており、山を削り取り、谷間の田畑を埋め立てて、建て売り住宅が次々に新築されている。古い集落には改築を済ませた立派な屋根構えの農家が並び、江戸時代から続く神社の階段も鳥居もぴかぴかと新しい。町並みは総じて、車で移動することを念頭に置いた大味なつくりである。

私たちは事件現場のタンク山に登った。タンク山は事件報道で見た映像から受ける印象よりもずっと大きく、豊かな照葉樹林だった。風よけに役立つ高校の裏山として、また一帯の住宅街に水を供給するための高台として、ただ一カ所、削り取られることを免れた自然の山である、と見てとれた。

山頂近くの森の中に、高校生の合唱の声が流れてきた。緑は美しく、セミが鳴いている。ほんの数十年前ならば、子どもたちが競って駆け回るような遊び場となりえた場所に、少年はたった一人で逃げ込み、他の誰とも出会わなかった。麓にぎっしりと並ぶ住宅に住む人々の誰もが、山に向かう少年に心を向けなかった。私はその無関心のありようこそが、事件の残酷さや異様さを支えて、なおも現在の私たちを試している「状況」なのだと思う。解決策や答えなど簡単に出ない。

井垣さんはまた別のことを考えていただろう。半日の間、須磨区を歩き回った後に、「これが私の夏休みでした」と言った。

少年審判と情報公開

――井垣さんが担当された須磨区の事件以来、少年法改正案が話題にのぼっています。改正には賛成ですか、反対ですか?

「少年法改正には基本的に反対です。厳罰化の効果には疑問があります。これは少年司法の問題だけでなく、刑事司法全体の問題ですが、年に数回しか起こらない信じられないような自己破滅型犯罪に対しては、重く罰することの一般予防効果はほとんどないと思います。ただ、今の少年審判のシステムの手直しは必要だと思います」。

――従来の少年審判に問題があるとすればどんなところでしょうか?

「まずは情報の開示、そして審判に被害者が参加できるような審判の改革が必要になると思います。

情報の開示の問題で言えば、現在も裁判所の調査官や鑑別所の技官は少年の非行の構造的原因などを詳しく調べるわけですが、その情報は主に処分を決定するために使われています。非行の原因を少年の保護者に知らせて、更生に役立てることができていないんです。

ただし、情報開示の場合、誰が開示するかが重要です。裁判官が情報を開示する場合、どうしても裁判官のコントロールしたい方向に沿った情報を開示しようとするのは避けられない。少年院送致がいいと裁判官が考えていれば、それに都合の悪い情報は出したくないものです。

となると、重要な情報を安心して預けることができ、保護者に必要な情報を開示できるのは付添人しかいません。少年の付添人がそれを担うべきだと思います。

そういう情報の開示が行われたうえなら、たとえば少年院の更生のメニューを豊かにしていくこともできるでしょう。更生のための治療や教育に対して、少年や少年をサポートしようとする人々に提案権を与えることもできる。現在では行われていないと思いますが、たとえば親子関係のコミュニケーション障害がある場合、少年院の中で親子が泊まり込んでカウンセリングを受けたり、また親元に帰してカウンセリングを受けたりすることもできる。多様なメニューを用意することで、更生の効果を上げることができるのではないでしょうか」。

事件当事者と向き合う

井垣さんの話を聞いていくと、仕事やシステムの捉え方に独特の型があるのがわかる。井垣さんは自分の職場に、多くの人を招き入れようとする。遺産分割調停のシステム改革で不動産鑑定士や一般調停員の能力を引き出し、それを愛でるような気配があることからもわかるように、法廷の垣根を取り払い、合理的でありながらバラバラの個性が棟を支えあう重層的なシステムを作ろうとする。

そもそも弁護士など付添人に対して、少年審判にもっと深入りしてほしいと願う態度は、普通の裁判官では考えられない「異様な」態度である。井垣さんにとっては、当事者も裁判官もそのまわりを取り囲む関係者も、解決という一点に向かって、同じ情報を抱えて平等に悩むのが理想のようだ。井垣モデルの法廷は、たった一人の裁判官の裁量をひけらかす場所ではなく、当事者や支援者が事件と向き合っていく方向を決める通過点なのである。

「被害者について言えば、遺族の方は審判の間ずっと審判廷にいらっしゃいという気持ちです。被害者と加害者の少年との対話もさせたい。被害者遺族と話をする調査官を別にたてて、遺族の話を聞き、亡くなった方の思い出や写真などを使って調査官が報告書を作る（筆者注——後に井垣さんはこの報告書に「メモリアル冊子」という名をつけた）。そして審判の席で、加害者も裁判官も報告書をめくりながら、遺族の悲しみをゆっくり聞くというのはどうでしょうか。

殺人などの場合、加害者側の少年が一生を賭けて償いたいというのは間違いないわけで、その方法についても遺族と話合いをさせる。償うためには、少年は立派になって働いて、その給料の中から払うしかない。そうなれば、職業能力の開発については少年院でサポートするにしても、能力を伸ばしたり仕事を与えるためには民間で支えてくれる人たちが必要になるんです」。

井垣康弘裁判官は今年(二〇〇〇年)の九月から一〇月にかけて、産経新聞、共同通信、雑誌「法学セミナー」などを通じて独自の少年審判の改革案を一般に向けて発信した。その骨子は前述のインタビューの内容を含め、きわめて具体的で明快なものである。現行少年法のもとで調査官をはじめとする少年司法に関わる人々が事件の原因究明に力を尽くしていることや、少年院などの教育システムについての理解を求め、被害者遺族の問題では少年審判の席に遺族を受け入れることをはっきりと提言している。

「少年法改正に関しては、あと一年くらい待ったらどうでしょうか。その間に司法制度改革審議会を真似て、法曹三者を除外した少年司法制度改革審議会を作る。私としては、審議会委員に対し、例の須磨事件の調査記録を見てもらったり、少年Aに面接してもらうなどの便宜を図ることも考えています。もちろん少年側の完全な同意のもとでの話ですが、委員に私の審判に立ち会ってもらってもよいと思います。裁判官としてできる限り、検討材料の提供に協力したいと考えているんです。同じような気持ちでいる少年司法・矯正の実務家は限りなく多いだろうと思います」。

マスコミのインタビューや講演の依頼はひきもきらず、井垣さんの身辺は風雲急を告げるという観がある。少年事件に対する関心は、日本の未来に対する不安と相まってきわめて切実なものとなっているのだろう。私たちは*現行少年法の限界からではなく、最高裁判所と法務省の怠慢によって引き起こされた情報の飢餓状態にある。

最高裁判所から希望を裏切り続けられて神戸家庭裁判所にたどりついた井垣さんが、少年法改正をめぐる論客としてジャーナリズムに歓迎されているのは不思議な光景である。

＊現行少年法　ここでは、二〇〇〇年一一月に改正される以前の少年法を指す。

どんでん返しに富んだ人生

支部めぐりの苦行は、井垣さんに自らのエリート意識を捨てさせるきっかけになっただろうし、刑事事件を取り上げられて家事事件を担当したことは、法制度のシステム改革を実践するよいチャンスであった。繰り返された差別人事は、井垣さんが裁判所の外に目を向けることの動機づけとなっただろう。本人が希望もしない少年事件への転任は、家事事件で成果を上げ目立っていることへの意地悪だったと思われるが、思惑を大きく外れて、井垣さんにより大きな経験を積ませる結果となった。このままいくと、日本の国民は、井垣康弘という一人の裁判官を介して、少年法の理念や運用についての認識を深めることになるだろう。

私はこれほどどんでん返しに富んだ人生の物語を聞いたことがないし、これほど痛快に権力を持つ人の読みが外れていく実話を知らない。井垣さんは大阪の貧乏な漢方薬店の息子として生まれ、裁判官になった。インタビューをしていて強く感じたのは、観念的な言葉を嫌う、その合理的な性格であった。それが大阪人という気質ゆえなのか、少年期に形成された強い批判精神ゆえなのかと、考えてみたけれども、やめた。真実とはもっと簡単なものである。

井垣さんは働き者だったから、負けなかったのである。法廷という場で実践を重ね、現実を直視し、裁判所にやってくる人から学ぶ気持ちを捨てなかったから、ノックアウトされなかった。獄中で自分を磨き続けたザ・ハリケーンのように。

「私の希望は、定年までの四年間、今のポストで加害少年の更生と被害者(遺族)の癒しをともに図るシステムを追求していくことです。それがキャリア裁判官としての最後の仕事になるでしょう」。

出会い7……森《もり》脇《わき》淳《じゅん》一《いち》裁判官

裁判所を大きくしよう

僕は商売人の息子です。その目から見れば、裁判所はユーザーに対して、ちゃんと対応してないことが多い。

若草山で

「奈良に森脇あり」。

その名前はたびたび聞いていた。

風聞によると筆者と同世代だ。新聞への投稿や地域の人々との交流など思い切った行動をとっているにもかかわらず、日本裁判官ネットワークとは一線を画し、「裁判官が自分の境遇を嘆くのは潔くない」と我が道を行く人だそうだ。

《私は、自ら希望して、すでに八年以上奈良市内の一戸建官舎に居住している。（中略）一か所に居住し続けることによって私の得たものは大きい。転校による子らの心理的動揺に苦労することなく、知人の農家の田を借り、その指導のもと毎年米作りをしたり、映画・演劇鑑賞会や合唱・演劇等のサークルに加入して余暇を楽しんでいる。地域の様々な知識・経験を有する人々や、職場の同僚との継続的な交際は、私の人生を豊かにし、多少の内面的成長をもたらしてくれていると感じる》（森脇淳一「裁判官の職責と転勤」自由と正義一九九九年六月号）。

森脇淳一さんがこだわるのは、組織論や大文字の司法改革ではなく、裁判官という自分の生き方である。たしかに会って話をしてみると、今まで出会ってきた裁判官とはまったく違った裁判官や裁判所の見方の持ち主のようだ。

「私は支部まわり裁判官かもしれません。いろんな仕事をやるのが楽しいですから。法廷の中は楽しいですよ。マイコートでは自分がやりたいようにやっています。これがいいと思えば双方の当事者に自分の意見を押しつけちゃうし、こいつは許さんと思えばむちゃむちゃ厳しい判決書きます。こんなにいい仕事はないですね。

僕はね、事件を担当する時、当事者にお礼を言うんです。たとえばお金の持ち逃げなどの民事事件があると、『ヤクザに頼まずに、よく裁判所を利用してくれました』とお礼を言います。そして事件が終わると『また裁判所を利用してくださいね』と言うんです。

だって裁判所を利用してもらうリピーターを増やしたいじゃないですか。裁判所にいっぱいユーザーが来て、仕事がいっぱいあれば予算も増えるし、裁判所も大きくなっていくことができる。

その中で、よい方向に変わっていけばいいと思うんです」。

こうした森脇さんの意見は、裁判官ネットワークや裁判官懇話会の人々にすら困惑されることが多いという。とりあえずは、森脇さんを「個人主義的改革論者」と規定しておいて、その思考方法の背景を探ってみることにしよう。

違和感のあった司法修習生時代

森脇淳一さんは昭和三二(一九五七)年、三重県四日市市に生まれた。生家は新建材などを扱う材木店であった。

「小学校六年生の時でした。親父に『お前が弁護士になって売掛金を回収してくれたらなぁ』と言われたことがあったんです。それが司法試験を受けた動機というのではありませんが、法曹というものを意識した最初でした。四日市高校という地元の高校に進んだ時に成績が一番だったこともあって、東大か京大に行かなきゃ恥ずかしいなぁという感じで京都大学を受験したんです。法学部に行ったのは数学が駄目で、文系だったからですね。法学部に入ったものの、当初は司法試験は視野に入らず、就職するのかなと漠然と考えていました。

ところが、京大で今の妻と知り合ってつきあうようになった。彼女は司法試験を目指していて、父親が裁判官だったんです。妻は当時の裁判所に憤りを感じていて、司法試験に受かって司法の世界を一緒に変えてほしいと私を焚きつけた。そのせいで、司法試験を真剣に目指すようになるんです」。

森脇さんは昭和五五（一九八〇）年、京都大学の五回生の時に二三歳で司法試験に合格する。実務修習は東京であった。すでに奥さんとは内縁関係にあり、東京にある奥さんの実家で住むことが決まっていたからだ。

「司法修習生時代は真っ暗だった」と森脇さんは言う。

京都からいきなり東京修習にやってきて、寮に入らないという環境のせいで、友だちのいない森脇さんはいくつかのつまずきを経験する。

「修習生になって起案の問題がありました。近接所持事案といって、窃盗事件の二、三日後に盗品を持っていた人が逮捕されたという事件です。被告人と現場の足痕とは合わない、入口をこじあけた跡と被告人を結びつける証拠もない。ただ盗品を持っていたということと、盗品を人から買ったという弁解が不合理だというのだけが証拠の事件でした。そこで私は贓物故買の判決を書いて教官に提出したんです。ところが他の修習生はみんな窃盗罪の判決だったんですよ。そこで教官から集中攻撃を受けました。ところが休み時間に他の修習生の話を聞くと、『みんなおかしいと思っていたけど、こうするものなんだ』と言う。ぽんと京都からやってきて他の修習生とのつながりもなく、自宅で起案していたので司法研修所の相場がわからなかったんですね。

でも、それを聞いて自分は間違ってないと思ったので、次の機会に教官に反論をした。それで、つい『このくらいで有罪にされたら被告人もたまったものじゃない』と捨てゼリフを吐きました。

その後、教官の当たりがすごく強くなりましてね。刑事裁判教官には『森脇は裁判官にはいらん』と言われていたようです。そのせいで検察教官に検察官にならないかと誘われたこともありました」。

その後も法廷にビデオカメラを入れることをどう思うかという問題に賛成だと答えて叩かれる。検察の実務修習では覚せい剤使用の容疑者の境遇に同情して執行猶予付きの求刑起案をすると、検察官に覚せい剤取締法の保護法益についての議論をふっかけられる。森脇さんの常識は、踏んだり蹴ったりの難を受けた。

「善良な市民を勾留して裁判にかける。検察官でも裁判官でも弁護士でも、こういうものを見続けなければならないのかと思い、すっかり辛くなった。家内に司法修習なんかやめたいと言ったこともありました。そんな時、司法修習生の有志で組織する会主催の講演会に三井明・元判事がお見えになったんです。内容はキリスト者と裁判についてのものでした。とてもいい話でした。たまたま三井さんの自宅と僕の自宅が同じ沿線にあって、帰りの電車で一緒になったんです。電車の中で三井さんに悩みを相談して、信仰を持てば解消できるでしょうかと尋ねたんです。すると三井さんは、悩みがなくなるものではないけれど、一度教会に顔を出したらどうかと勧めてくれました。

そこで経堂北教会に行くようになりました。教会に行っておもしろかったのは信仰そのものではなくて、教会で活動している全共闘世代の人たちでした。彼らは元気でね。一緒に『平和の会』という会を作って講演会を企画したり、在日朝鮮人の部落で活動している教会を見に行ったり、それがおもしろかったですね。裁判官をやりながらでも、教会を通して社会と接点を持てるんじゃないかと思った。僕は昭和五八(一九八三)年四月に任官するのですが、前年の暮れに妻と一緒に受洗をしました」。

さまざまな葛藤があったものの、森脇さんは裁判官を希望し採用される。その際、東大出身の仲間が任官拒否にあった。採用された修習生が最高裁の石造りの会議室に集められ、晴れやかに談笑している姿を見て、やはり違和感を感じたという。森脇さんの自意識は、エリートであることを前提とした裁判官のムラ意識を受容するにはまっとうすぎたのだろう。

勾留却下で負け続けた日々

昭和五八(一九八三)年、三五期の未特例判事補として森脇さんは広島地方裁判所に任官する。以後の経歴を見てみよう。

一九八三年四月～八五年三月　広島地裁
一九八五年四月～八八年三月　名古屋地裁
一九八八年四月～九一年三月　大阪地家裁堺支部
一九九一年四月～九六年三月　奈良地家裁
一九九六年四月～〇〇年現在　奈良地家裁葛城支部

「広島はけっこう楽しかったんですが、名古屋ではいろんなことがありました。

名古屋は高裁の管轄する地域が広く紀伊半島から裏日本まで支部があります。名古屋管内の都市部にいたいと思っている裁判官層と東京からやってきて東京に帰るつもりのエリート層が多くて、どちらかといえばミスをしたくないと思っている裁判官の多い、東京以上に堅苦しい雰囲気の裁判所でした。

そこで勾留係を六カ月間やるのですが、勾留請求を却下するとどんどん準抗告をされて、それが認められる。一五件の準抗告を受けて一四敗しました。準抗告されれば負けるという感じでした。

準抗告を認めた書面に理由が書いてないと裁判官室に乗り込んだこともあります。裁判長は顔をそむけていて、エリートの右陪席が受け答えをするんですが、結局『見解の相違ですな！』と物別れで終わったこともあります。

広島でも勾留請求の審理はやっていてその時は普通だったのに、名古屋では四月に始めて五月、六月は却下率が六％と高くなった。おそらく広島に比べて名古屋地検の勾留請求基準が低かったんだと思います」。

勾留請求の却下率が高いことで、検察とは険悪なムードとなった。ある公安事件で森脇さんが勾留の却下を認めた時、被疑者の弁護人と組合の幹部が被疑者をそのまま連れ帰ったことがあった。その際、検察が準抗告書面の中で「森脇裁判官が被疑者を逃亡させた」と抗議して騒動になったこともあった。

「その時、裁判官は何だろう、と思いました。裁判官の判断というのは独立したもので、尊重されるはずなのにそうではない。主人公のはずなのに、主人公として扱われない。みんな裁判官は何もできないことがわかっていて、飾りとして扱っているにすぎないんじゃないかと思いましたね。ただ、そういう経験をして、裁判官として腹を据えたというところはあります」。

昭和三二（一九五七）年に生まれた森脇さんは自らを「すきま世代」と呼ぶ。反権力志向はあっても、それが大きなうねりとして力を持つ時代は過ぎた。その全盛期は知らず、青法協裁判部会の最後の会合に立ち会ったというのも、森脇さんの世代と本人の志向性を物語るエピソードだろう。

森脇さんの裁判所の見方はシニカルである。裁判所は結局、権力の暴力装置の一部である。しかも裁判所は国民が民主主義的に国家と対話できるという幻想によって、革命の力をガス抜きするものだ。だからこそ、反逆する裁判官は差別を受ける。それ自体は不思議なことではない。自分は間違ってそこに入り込んでしまったのだ。

検察や保守派の裁判官との軋轢のなかで、森脇さんはそう観念したらしい。それでも裁判実務を通じて、自分の能力には自信を持つことができた。エリート裁判官との合議を通じて、司法行政をやる人間と自分の能力が違うことも確認した。せっかくだから自分だけでも思う通りの裁判官をやってみよう。そのあたりに森脇さんのほろ苦い覚悟が潜んでいるようである。

地域に溶け込む

「若い頃は官費旅行できるというのでいろんなところに行きたかったんです。広島も楽しかったし、次の任地はどこでもよかったので『最高裁一任』というところに○を書いて出したら名古屋になった。名古屋の次は大阪への転任を希望したのですが、その理由は広島にいる時に生まれた次男がダウン症で、大阪にある『子供の城』というダウン症児の教育をする施設に行かせたかったからです。ところが、名古屋から出る時に幼稚園に行ってた長男がすごく荒れた。引越しの日に名古屋の官舎を出てホテルに入ったんですが、ホテルのレストランの真ん中で大の字になって嫌だと抵抗しました。

引っ越して大阪のど真ん中の官舎に入るんですが、幼稚園から小学校にかけてイジメに遭った。裁判官の子どもが二人転入したんですが、一方のイジメがやむともう一方がイジメられるという感じでした。大阪の官舎は敷居の高い所で、町内会にも入らないし、生協が出入りしていると白い目で見るという雰囲気があった。町の中で孤立していることも影響したのかもしれません。

大阪から奈良に来る時も引っ越したくなかったのですが、奈良地裁が忙しいと言われてようすを見にきてみると官舎が一戸建てでいい感じだし、長男も引っ越していいと言う。

そこで一戸建ての官舎に住んでみたら、集合住宅の中のエリートと非エリートの色分けみたいなものがなくて、すごく気楽だった。

地域の人ともつきあいやすいんです」。

森脇さんは積極的に地域の活動に参加していく。奥さんが参加していたPTAの合唱団のつながりで別の混声合唱団に歌を歌いに行くようになった。無農薬の野菜を買う会に入って農家の人とつきあっているうち、田んぼを借りて米を作るようになった。弁護士やプロの脚本家で結成された「とんぼの会」という劇団に参加して法律問題をテーマにした劇に俳優として参加している。

「最初、裁判官だと言うとみんな『えっ』と驚く。裁判官なんて怖い人だと思っているんです。こんなアホな奴でも裁判官なんだとわかってもらうには三年かかる。そこから普通のつきあいが始まるんですね。裁判官が市民生活をするためには同じ場所に長く住むことが必要なんです」。

今のところ奈良の官舎から動くつもりはない。ダウン症の次男と学校の関係もうまくいっているし、三男は中高一貫の私立学校に進んだので終わるまでは動けない。冒頭での発言でもわかるように、森脇さんは支部で働くことを嫌がっているわけではない。しかし、都市手当の問題で矛盾を感じることが多いという。

「一つには同じ裁判所で働いていて、ペイが違うという問題があるんです。都市手当は都市手当の出ないところに転任しても三年間支給されますから、支部にずっといる人と都市から転任してきた人との間に収入の格差が生まれてしまう。これは裁判官だけの問題ではなくて、職員の問題でもあるんです。同じ仕事をして収入が違うわけですから、ギスギスした関係になりやすいんです。

もう一つは同じ官舎に住んでいて収入が違うという問題です。たとえば奈良の官舎から大阪地裁に勤めに出れば一〇%の手当がついて、奈良は三%、葛城支部は〇%です。都市部に転任しなければ収入格差が広がってしまう。

都市手当そのものは仕方ないにしても、転任して三年間支給されるという制度は改めたほうがいいのではないかと思いますね。へたをすると、自分よりキャリアの短い人が同じ裁判所で働きながら都市手当のせいで収入的に上になるということだって実際にあるわけです。

僕は守旧派ではありませんが、裁判官が法曹一元や陪審制などを主張するのには反対です。三権分立の建前から言って、裁判官は国会で立法された法律を適用するのが仕事だからです。まな板の鯉が料理法を選ぶべきではない。どんなところで困っているかという情報開示はすべきだと思いますが、どんな制度がいいとは言えないと思う。

ただ、司法行政をやっている最高裁事務総局と現場の裁判官とのパイプは作りたいと思います。司法改革論議の中で最高裁が裁判所の意見を出していますが、僕の意見を聞かれた覚えはない。最高裁の判事一五人が会議して意見をまとめたというなら認めますが、そうなのかどうかも現場の裁判官にはわからない。組織の活性化のためにも現場の声を聞くシステムは作ってほしい。

たとえば裁判官にワープロ貸与ということで配られた時に、僕はパソコンを配るべきだと思ったんですが、はたして何年かしてパソコン貸与に切り替わりました。だけどワープロを配った後、タイピストがいなくなって、六〇歳になろうとする裁判官も一生懸命ワープロを覚えたわけです。覚えたところにパソコン配付ということでワープロを取り上げられた。現場の裁判官はものすごく困ったんです。その時、せめて決めた人に『ごめんね』と言ってほしかった。

実務改革は一人でできますが、司法行政については今のところ現場の裁判官は何もできない。今度こんな問題があるけどどう思うかというメールが来て、全国の裁判官が返事を送るということでもいいですよ。そして、ちゃんと結果を教えてほしい」。

——もし裁判所を変えるとすれば、どんなふうに変えればいいと思いますか?

「裁判所の仕事に対する意識を変えたいですよね。僕は商売人の息子です。その目から見れば、ほんまにおかしなことばかり。裁判所はユーザーに対して、ちゃんと対応してないことが多い。ここまでの裁判ができますよと言えば損だから、これはできないとしておけば楽じゃないですか。勘違いして取り下げてくれたらラッキーという感じで仕事をしている。競争相手がいないから意識改革ができないのでしょうね。

僕はお金をもらって仕事をしている以上、裁判所はお客さんを増やし、大きくなって立派になって予算取れるようにすればいいと思う。それは当たり前のことじゃないですか。

紛争そのものは少ないほうがいいけど、裁判所に来ない紛争があるからそれは取り込みたいですよ。中坊公平弁護士が言ってる二割司法という言葉がありますが、八割も市場が残っている。弁護士会の仲裁センターというのは裁判所にとってはライバルですよ(笑)。

そのためにも裁判官はいい仕事をして、ユーザーに喜んでもらい、リピーターになってもらう。

一方で最高裁事務総局は裁判官が官僚をやるのではなく、専門の官僚を雇えばいいと思います。大蔵省で次官になれなかった人を引っ張ってきて事務総局長に据えればいいんです。

そして裁判官の質を高めるために、民間のリサーチ会社に裁判所の利用者や部下となる職員の声を集めて評価してもらい、悪いところがあればそれぞれの裁判官に勧告をする。それが改められなければ、再任を断ればいい。

裁判官の仕事が嫌だとかできるだけ自分の仕事を減らすために人に仕事を押しつけるような人は辞めてもらう。決定を書かない、無理難題を押しつける、言うことがコロコロ変わる。誰が困った裁判官かは弁護士も職員も知ってますよ。そのほうが組織の精神衛生上もいいし、いい仕事をする裁判所に変わっていけるのではないかと思います」。

出会い8……園尾《そのお》隆司《たかし》裁判官

実務改革のトップランナー

私は他の裁判官と一緒に昼御飯を食べに行ったことがないんです。左陪席にお茶を淹れてもらって、自分の権威を確認したいとは思いません。

園尾隆司さんの存在は東京地裁民事第二〇部の制度改革を報じる新聞で知った。記事を読む限り、いかにもエリートという雰囲気だ。話は聞いてみたい。だが、自分の意見を外に向かって話すことに尻込みする人が多いのは裁判官の常である。いきなり頼んで、慇懃に断られた例が一回あった。

あきらめ半分で、直接電話をかけてみた。「園尾でございます」と丁寧で明るい声が返ってきた。取材の申込みをすると、こちらを値踏みする冷ややかな間のあとに警戒心でいっぱいの反応に変わることがあるが、それもない。東京地裁の総務課広報係を通して申し込んでくれないかという。もっともな指示に従って広報係に申し込むと、二、三日してあっさりと取材許可が出た。

園尾さんと電話で話した印象は、裁判官というより大きな企業の偉い人だった。それも部下に目配りのきく、有能なビジネスマンだ。裁判官というのは総じて言葉遣いの丁寧な人が多いけれど、その丁寧さとは違う。その話し方は敷居が低く、いつのまにか仲間になったような気にさせる不思議な包容力があった。

その秘密はどこにあるのだろう。そんなことを考えながら、一二月上旬、霞ヶ関の東京地方裁判所へ出かけた。

「破産部」という修羅場

園尾隆司さんは通称「破産部」と呼ばれる民事第二〇部の部総括判事である。裁判官一二名、書記官四三名、事務官八名の、全国で三番目の大所帯を指揮して、年間一万件を超える個人と会社の破産事件を処理している。

一三階に上がると、長い廊下にパイプ椅子が置かれていて壮年の背広姿の人たちが座っている。園尾さんが「お客」と呼ぶ申立代理人の弁護士や倒産した会社の経営者である。

破産部にやってくる人々を迎えるのはだだっ広い書記官室だ。管財合議係(そごう百貨店のような大企業の倒産事件を扱う）、即日面接係（中立代理人の書類を検討し、その日のうちに破産の申立てを裁判官が決定する）、少額管財係（サラ金の多重債務などで自己破産を選ぶ個人のため、二〇万円の予納金で申立てができる）など七つの係がそれぞれ独自の机の並べ方で配置されている。たとえば少額管財係は四人の書記官で年に二〇〇〇件から三〇〇〇件、即日面接係は三人の書記官で年六〇〇〇件の事件を処理する。

第二〇部は日本経済の迷走がもたらす多重債務者の群れを法的に処理する修羅場である。経済活動の破綻というもっとも生々しい社会的現実と法律が正面衝突をする場所だ。資本主義の持つアナーキーな速度と法のシステムが追いかけっこをする「旬」の場所でもある。

書記官室には淡々とした緊張感が流れていた。誰もが書類やパソコンを注視していて、普通の役所のような暇そうな顔をした人がいない。

この修羅場に園尾さんが着任したのは一九九八年一一月であった。以来、破産事件処理の実務について大胆な因習の破壊と徹底した合理化が進められたという。

裁判官室に入ってみると、事務机だけが並んだシンプルな間取りである。裁判官室の定番である応接セットはない。部総括である園尾さんの机も上座といえば上座らしき場所にあるだけで、他の裁判官の机と組み合わせた雑然としたデスクの一つにすぎない。

「実はここにいる一二名の裁判官には二つの部屋が与えられたんです。しかし、裁判官が別々の部屋にいると会議を開いて情報交換をしなければいけなくなるんですね。それをなくすために、狭いけれどもひと部屋に同居しようと提案した。おかげで、机を壁際にくっつけている気の毒な人もいますが、工夫して詰め込んだんです。すると、いろんな事件についてわぁわぁ話し合っているのを日頃から全員が聞いていますから、事件を処理する基準などが自然に統一されていく。また他の判事が担当していた事件の当事者がやってきて、席をはずしているという場合でも代わりに話を聞くということができるようになったんですよ」。

一つにまとめられた裁判官室は、前述した書記官室の隣にある。

そして即日面接係が扱う事件については、裁判官は入れ替わり立ち替わりして書記官室の真ん中に設けられた小さなテーブルに出向いて行き、書記官が事務を続ける隣で申立代理人と話し合う。その場で破産手続を判断し、決定してしまうのである。

おかげで書記官は書類を裁判官室に運んだり、代理人を部屋に案内したり、裁判官を呼び出すというルーティンワークから解放された。たくさんの事件を処理する書記官と書類は不動のまま、次の事件を処理できる。

これはかなり特異なことだ。古い感覚の裁判官なら怒り出すかもしれない。裁判官がわざわざ書記官の部屋に出向くのだから、いかにも腰が軽い。裁判官の持つ表面上の権威はまったく打ち消され、破産申立てを判断し決定するという機能そのものに純化されているのである。

「とにかく膨大な数の事件を処理する場所ですからね。もし手順に一分の無駄があれば、一万件で一万分、約一六七時間、七日分の時間が無駄になる。われわれが残業をしたり、処理を望む人が溢れかえって事件が溜まっている状態をなんとか変えなきゃいかんということで、無駄を省く努力をしたわけです」。

なくなった調書の認め印

園尾さんは実務を改革するために、七つの係で二週間に一回昼休みの会議を持つことにした。三〇分の会議の間、現場の書記官や事務官が実務上の問題点や改善策を自由に語る。園尾さんはそのすべてに参加して、良いアイデアがあればその場でアイデアを承認し、実行させるという体制を作った。それは最高の形を決定するためのものではなく、問題が起こった時に素早く改善することのできる自己更新のシステムを作ることであった。

不合理な慣習がぞろぞろと出てきては、変えられていった。

たとえば免責審尋期日調書というものがある。破産の免責審尋期日において、書記官が中立代理人に聞き取った内容が書かれているものだが、慣習としてその一つ一つに裁判官の認め印を押していた。裁判官に認め印を押してもらうために、書記官は膨大な数の書類に付箋をはさみ、毎朝ワゴンに載せて裁判官に届けなければならなかった。

「あの印鑑は本当に必要なのでしょうか?」

ある書記官の疑問に応えて通達や規則を調べてみると、「民事訴訟の手続きを準用する」という文言があるだけで、裁判官印を押すか押さないかは現場の裁判官の判断に委ねてあることがわかった。

調書から認め印欄が省かれたことで、書記官の無駄な仕事がなくなってしまった。

「会議や稟議《りんぎ》という今までの決定システムでは、現場を改善しようという根元的な欲求があっても途中でへこたれてしまうんです。現場の職員や裁判官がより合理的に、役に立つ仕事がしたいと願っている気持ちを妨害しないようにすればいい。私一人がすべてを決めてやらせようとしても変わるものではないんです」。

その成果の一例が、前述した裁判官が書記官室でパイプ椅子に座り、当事者との面接をするという方式の導入だろう。これには裁判官よりも、書記官のほうが慌てたという。裁判官が書記官室に出向くなら、見えないように囲いを作ったり、立派な席を据える予算を取らなければと気を揉む昔気質の人もいた。

そうした遠慮を退けて今の体制を作ったのは、園尾さんの個性に負うところが大きいのだろう。とにかく園尾隆司裁判官は変わった人である。部下の裁判官と一緒に昼食をとることはないと聞いて、驚いてしまった。

「私は他の裁判官と一緒に昼御飯を食べに行ったことがないんです。それは自分一人で外に出て、好きなものを好きなように食べたほうがおいしいからです。左陪席にお茶を淹れてもらって、自分の権威を確認したいとは思いません。ですから他の裁判官は私が権威ある存在だとは思っていませんよ。ただ私がどんなに平等にふるまっても、法的な権限はある。私はその権限を使って仕事をするだけなんです。裁判官が歩く順序や宴会の時に座る席順とか、そういう余分な思い込みや慣習はできるだけ崩したほうがいい。それをすべてなくしても、やっぱり権限はあるんだから、その権限に従って自然にやればいいんじゃないでしょうか」。

エリート裁判官の出自

園尾さんは四国の生まれだ。昭和二四(一九四九)年、徳島県の、歩いて他の三県へ山越えができるほど山奥の村に学校教諭の次男坊として生まれた。徳島市内の高校へは下宿をして通った。高校までは物理学者になりたいと思い詰める物理少年だったという。目標は京都大学理学部に進んで物理学者になり、地下室にこもって実験に一生を費やすことであった。

高校二年のある時、京大文学部志望の親友と二人で京都まで自転車旅行をした。憧れの京都大学を拝みに行ったのだが、その時、京大で集めて来た資料におそるべきことが書いてあるのを発見し、仰天した。

「京大理学部の教授たちは、資本家の手先となって物理学を金に換えることばかり考えているけしからん奴だと書いてあるんです。今から考えると、学生運動のアジのパンフレットだったんでしょうが、とにかく愕然としました。動揺しているところに、思春期の辛い出来事が重なって何もかもが嫌になった」。

親友に京大に進学するのはやめたと告げると、親友は一緒に文学部に行こうと言ってくれた。しかし、文学部では畑が違いすぎる。

迷っていると、親友はいろいろと調べたうえに東大に一緒に行こうと言いだした。東大の文Ⅰならば、文学部など専門にとらわれないという。親友の情熱にほだされる格好で東大に進学してみると、そこは法学部であった。

園尾さんが東大に進学したのは昭和四三(一九六八)年のことである。折しも七〇年安保と全共闘運動の燃え上がる真っ最中、東大はストに突入して授業もサークル活動も有名無実の状態だった。

「私が進学した時、父は定年退職をしたばかりでした。しかも私の兄は医学部に進んでいた。私は、学費と生活費はアルバイトと奨学金でなんとかすると宣言して出てきていました。そこに、ストがけしからんということで文部省の奨学金が止められてしまったんです。父親に泣きつくのも男らしくない。おかげでアルバイトに明け暮れる貧乏生活でしたね」。

指の怪我で口頭試問を突破!?

勉強に身が入るわけがないから、成績は最悪だった。卒業を迎えて途方に暮れていると、再び徳島の親友が司法試験を受けたらどうかと勧めてくれた。

「司法試験に受かれば一発逆転だというわけです。そこで四年生の夏に受験をするんですが、私はてっきり落第したと思った。来年の受験に備えて金を貯めなければと時給の高い町工場で働き始めたのですが、プレス機で手の指を潰してしまったんです」。

入院していると友だちがやってきて、下宿に届いた合格通知を渡してくれた。危険な仕事を選んだことを悔いたが後の祭りである。痛む指を抱えて口頭試問に出かけ、怪我の事情を縷々説明することで難問を免れるくだりは、趣味の落語のネタにもなって大いに笑いをとっているらしい。

口頭試問にも受かったが、どうやら次点のような扱いだったらしい。研修所から電話がかかってきて、水戸で修習生が辞めたので空きがあるがどうかと問合せが来た。一も二もなく水戸へ行った。

東京で弁護士になるつもりだったが、水戸で最後に修習した弁護士にひどく気に入られてしまった。自分の事務所に入って弁護士になれと接待攻勢を受けた。水戸黄門の泊まったという宿に泊めてもらい、うんというまで旅行を続けると宣言された。あまりの厚意に、東京でやりたいとは言えない。仕方なく、裁判官になりたいと言うと、あきらめてくれた。一年だけはと裁判官になってみたら、そのまま居座ってしまった。

「だから、私には秀才意識というのがまったくないんですよ」

というのがオチである。

民事事件のプロとして

裁判官になった園尾さんの以後の経歴は、実に華々しいものに見える。

一九七四年四月〜一九七七年三月　東京地裁民事部
一九七七年四月〜一九七九年三月　最高裁民事局付
一九七九年四月〜一九八二年三月　東京地裁民事部
一九八二年三月〜一九八五年三月　最高裁人事局付
一九八五年四月〜一九八八年三月　札幌地家裁
一九八八年四月〜一九九〇年三月　最高裁民事局二課長
一九九〇年四月〜一九九三年七月　最高裁民事局一・三課長
一九九三年七月〜一九九八年一一月　東京地裁民事二六部
一九九八年一一月〜二〇〇〇年現在　東京地裁民事二〇部

――経歴から見ればエリート中のエリートですね。

「若かったからだと思いますよ。若い裁判官をたくさん任官させれば教官の手柄にもなった。私たちの時代はそういうものだったんです」。

――裁判官として最高裁判所でのキャリアと民事畑を歩かれてきた実務経験のどちらが重いものと考えられていますか?

「私は最高裁判所事務総局に一一年、一方では民事事件だけを一五年やってきたんです。民事というのは、分野が多いのでやることがいっぱいある。どちらかといえば民事事件一筋にやってきたことが自分らしい仕事と言えるのではないでしょうか。

最高裁というのは、皆さんが考えているほどの権力はないんですよ。裁判所の場合、個々の裁判官がすべての権限を持っている。他の行政省庁とは違って一つ一つの裁判には誰も口出しをできない。たとえば法務省の民事局が通達で全体を動かせるのとはまったく違うんです。できたとしても書記官が民事事件でこんな仕事の仕方をしたらどうかとか調書の様式を作るとか、周辺のことしかできない。人事を行う官房局はまた別でしょうが、最高裁の民事局の仕事は裁判の底辺を補助する事務でしかないんです。

ただ私はたいへんに恵まれていて、民事局にいた八年の間、周辺部分の仕事のほかに、法律を作るという仕事に関わることができました。

局付の時代から課長時代にかけて民事執行法、民事保全法、民事訴訟法の改正などのために法制審議会に通ったり、案文を作る仕事をやらせてもらいました。

たまたま二年前に破産部に来ましたが、ちょうど倒産関係の法律が全面改正されている最中なのです。私は今、東京地裁の破産部の裁判官として法制審議会のメンバーになることができた。民事局にいた時に法制審議会に関わったおかげでようすもわかっているし、今度は本物というか、実際の実務をやりながら法制審議会に行っていますから、ここはこうしてほしいという意見を切実に持っている。その立場で法制審議会に行けるのはたいへん恵まれているし、立法に関与できることは私の仕事人生の中で唯一、一貫した仕事だと考えているんです。

おかげで、裁判実務を見る時に、ここは法律を変えて良くしてもらおうという考え方と、現場の工夫（運用の改革）でなんとかしてもらおうという考え方の二つのすりあわせができる。実務の工夫が行き詰まったら、法律を変えていく場面へバトンタッチしてもらおうと考えることができる。

だから法律のせいで、どう現場で頑張ってもできないという場面でがっくりせずに希望が持てる。

そういう考え方で思い切った運用の改革をやろうという私の雰囲気を職員や裁判官が理解してくれたので、今の変化が起きているのだと思います。大事なことは、ここ数年かけて作り上げたやり方を持続できるかどうかです」。

園尾さんは厳格な判決を書くことに固執する従来型の裁判官ではなく、裁判所という組織を運動体として眺めることのできる稀有な人なのだ。書記官室を走り回るような激務の間に、インタビューを快活に旺盛にこなしていただいた。フル回転なのだろう、そのメガネの奥の目は、真っ赤であった。

――司法制度改革審議会そのものが、経済界の「裁判実務をもっと早く」という声を背景に始まっています。第二〇部の変化を見ると、司法改革の論議そのものが不毛に見えませんか？

「われわれは自分たちの身の回りのことを丁寧に検討して、仕事を検証していく過程で今のようなシステムを作ってきたんです。外の声でこうなったわけではない。夜遅くまで残業がある。事件が増えて人が溢れているのに処理が進まない。仕事の手順の無駄をなくそうとやってきた。経済界や金融業界も、東京でこんなに早く処理が済むとは思っていなかったでしょう。

司法制度改革審議会がどの裁判をどれだけ早くしろという提案で現場を変えようとしても、大きな実りはないと思います。プロとして仕事をしているわれわれが、合理的により早く仕事をしたいという思いが湧き上がるような仕組みを作ってもらいたい。司法制度改革審議会にはそのために、もっと大きな議論をしてほしいと思います」。

出会い9……山口《やまぐち》毅彦《たけひこ》裁判官

山河を放浪する九州モンロー主義者

裁判官は裁判から離れたらいかんのよ。裁判をし続けないと、裁判官じゃなくなってしまう。

如月会での出会い

今回、登場していただく裁判官は、佐賀地家裁の刑事部部総括・山口毅彦さんである。一〇年ほど前のことだ。『家栽の人』の漫画家、監修者、そして原作者である私の三人が如月会という裁判官の団体に呼ばれて講演を行ったことがあった。如月会は青年法律家協会の裁判部会が、政治色を弱めるなかで親睦団体として生き残った組織である。

如月会の講演は、『家栽の人』の制作スタッフにとって初めての本物の裁判官との接触だった。東京・上野の弥生会館のホールで私たちは登壇した。居並ぶ数十人の裁判官たちがいっせいに私たちを凝視する。

「いったいどんな奴が、あの裁判官の漫画を企んでいるのか?」

そういう吟味の視線、人品の値踏みを、私たちはいっせいに受けたのである。今から思えば、毎日のように裁判官席から鋭く人を見る訓練をしたプロの目が、五〇を超える数で私たちに集中したのだ。

これは物書きの誇張ではない。

あの時のひんやりとした静けさ、突き刺さるような視線を浴びた居心地の悪さと恐怖を今もありありと思い出すことができる。私たちは明らかに被告人だった。漫画家の魚戸おさむ氏が、大きな紙に桑田判事の顔を描いてみせ、会場から親密さに満ちた笑いが初めて起こった時、どれほどホッとしたことか。

講演が終わり、有志だけが残って酒盛りが始まった。それも、弥生会館に宿をとった人の小さな部屋に酒を持ち込むという質素なもので、シングルルームのベッドに五、六人が腰掛け、あぶれた数人は床にあぐらをかいた。部屋は人で溢れ、そこここで起こる会話の声が充満して、耳をそばだてないと隣の人の話の中身もよく聞き取れない騒がしさであった。

その時、私の隣にいたのが山口毅彦さんだった。

エンタープライズ寄港阻止闘争

話のきっかけは「僕も佐世保の出身よ」ということだったのだと思う。騒がしい部屋の中で、私はエンタープライズ闘争の話をした。

一九六八年のエンタープライズ寄港阻止闘争の時に私は小学生で、奇妙なかたちで国家や権力に対する原体験を持った。佐世保の山奥に生家のあった私は、エンタープライズ事件の起こる直前の一月一五日か一六日の未明、青果市場に野菜を出荷する母の手伝いとして軽トラックに乗り佐世保港の埠頭に向かっていた。車の往来もほとんどない暗い国道を走っていると、佐世保駅の前に十数人の学生たちが座り込んでいるのが見えた。駅とタクシー溜まりの間の数段の階段に思い思いに座って、仮眠をとっている、と見えた。

午前五時頃の駅に人がいるのを見たことがなかった私は不思議な思いで彼らを見つめた。ふと国道を挟んだ駅の反対側を振り返ると、今度は闇の中に黒々と整列する人垣が見えた。それは、佐世保駅に集結してくる学生たちを待ち受ける機動隊員だった。

国道沿いに整列した隊員の姿を、軽トラックの助手席から手を伸ばせば届くような距離で、私はなめるように一人一人見つめた。

駅前の階段に座り込んだジーパン姿の若者たちが頭を垂れて眠り込んでいるのに、機動隊員たちは直立不動だった。彼らは盾とヘルメットで武装していた。兵馬俑の兵士たちのように粒ぞろいの立派な体格で、モノのように表情がなかった。

私は九歳で「国家」という言葉も知らなかった。暗い国道に並んでいる人ともモノとも区別しがたい機動隊員の黒々とした塊が、初めて見た具体的な国家像であり、国道を挟んで時を待つ学生と機動隊員のあまりにアンバランスなありようが、「権力」という言葉を考えるたびに甦るようになってしまった。

その話をすると、山口さんは「その時、僕はデモ隊の中におった」と言った。

その言葉は衝撃だった。あのデモ隊の中にいた人が現職の裁判官として、今、生きているのか。そういうことがあるのか。その驚きだけが、ずっと心の中に残ったのである。

久しぶりに会って、その話をじっくりしたいと思った。

佐賀の裁判所に電話をして、インタビューをしたいと伝えると、「僕でよかと?」という答えが帰ってきた。

青春の放浪と司法試験

「僕は、君の話をよう覚えとるよ。エンタープライズ闘争の時に、佐世保の国道に紺色の制服を着た機動隊員が並んでいるのを見た、という話やったな。おばぁちゃんが花をいっぱいに積んだリヤカーを引いとって、君はリヤカーを押しよったんじゃろ。その話を聞いた時、君は剥きだしの権力の姿を見たんやなぁ、と僕は思うた。そういう国家観を持った人が『家栽の人』を書いたんやなぁ、と納得がいったんよ」。

山口さんは今でも、リヤカーを押しながら機動隊員をびっくりして見つめる少年の姿が瞼に浮かぶ、と言った。軽トラックがリヤカーに、母が祖母に変わっていて私も驚いたが、その絵は意外にも鮮やかな色合いで私の脳裏にはっきりと映った。

デモ隊の隊列に加わっていた山口さんにとって、私の話はまったく違うかたちのエンタープライズ体験として、頭の中で発酵し純化されたらしかった。

「エンタープライズ闘争の時、僕は北松浦郡田平町の実家に帰って司法浪人をしよった。僕は学生運動の活動家というわけじゃないけれど、素朴な正義感をもとにエンタープライズ闘争に参加しとった。

われわれがやっとるのは憲法に保障された表現の自由なわけで、国家権力が剥きだしの権力で弾圧しようとする。それに抵抗するというのが、僕らの素朴な学生運動の構成だったわけね。学生運動には憲法上の根拠があったから、自分の主張が政治的に正しいというよりは、主張は誰の前でも言える、表現できるはずだ。その表現に対して、国家は憲法よりずっと下位の法律である道路交通法などで縛ってくるわけでしょ。本来許可すべき、デモの許可をせんとかね。それに対して実力行使ということでわれわれは行進する、それを警察が規制する。これは憲法上の基本的人権侵害だ。そういうふうに大学の法学の授業で理解しとったわけじゃからね。

われわれの時代はゲバ棒なんて持ってない。それに向かって機動隊は催涙弾をばんばん撃ってきて、あの時僕はデモ隊のうしろについて歩いておっただけだけど、催涙弾で首を火傷しているんです。もし司法試験に合格したら労弁（労働運動を支援する弁護士）でもやろうと思うとったから、デモに出ることで将来に差し障りがあるという考えは全然なかった」。

山口さんは昭和一六（一九四一）年に長崎県北松浦郡田平町で開業医の長男として生まれている。明治生まれの父・鐵彦の願いは長男を跡継ぎとして医者にすることだった。そのために山口さんを中学時代からわざわざ佐世保市の親類の家に下宿をさせ、市内の清水中学、県立佐世保北高と名門に進ませた。

ところが長男はなぜかはぐれてしまう。医者になるのが嫌で、高校三年の冬にはひと月学校をさぼって九重山を縦走して過ごしたばかりか、大学には進まず、三年間をぶらぶらと過ごした。

「子どもの頃、父の往診に鞄持ちでついて歩かされたことがあってね。畳もないような貧しい家で伏せっとる病人を親父が診るのを見せられとったんよ。もちろん診療代金はもらわん。そういう親父はすごいなと子ども心に思うとった。

ところが高校の夏休みで実家に帰っとる時に、往診の依頼電話を僕が受けたりすると、父が往診を断るようになっとった。僕は親父の医者としての姿勢に疑問を持ってね。医者になるのが嫌になったんじゃね。今から考えれば、親父の年齢の問題もあったし、医者として病状が深刻じゃないという判断もあったと思えるけど、その頃は正義感が強いばかりで、親父の気持ちはわからんやった」。

結局、三年の浪人生活の後に山口さんは東京の中央大学に進む。

大学一年の時に結婚し、やがて生まれた子と妻を田平町の実家に預けた。自分は中央大学の学生会館闘争（通称・がっかんとうそう）に明け暮れる。

「大学は卒業したものの、将来への展望はまったくないわけよ。それで司法試験を受けようと思って、妻子のおる田平町に帰って浪人生活を始めた。教科書もろくにないから、本屋で取り寄せてもらったりして独学ですよ。難しいとは聞いとったが、三年失敗したらやめればいい、という軽い気持ちやった」。

阪口罷免問題がきっかけで裁判官に

昭和四六（一九七一）年、三〇歳の年に山口さんは二五期の司法修習生となり、妻子をともなって上京した。ところが四月に入学する直前の、二三期の修習生の修了式の式場で「司法の冬」を象徴するような事件が起こった。

二三期修習生の裁判官任官希望者が任官拒否に遭ったことに抗議して、同期の阪口修習生が修了式の席上に駆け上がってアジ演説を行った。その懲罰として、阪口修習生が罷免されたのである。

「司法研修所に入学してみると、直前に阪口罷免問題が起こって研修所全体は重苦しい雰囲気やった。各クラスの座談会をやっても、興味はあってもその話題には触れないようにしているモヤモヤした空気があった。そういう時に仲間に誘われて青法協に入ったんです。

司法修習の後期になって、われわれはいい奴を裁判官にするという運動をやった。憲法の精神というのは、個人の基本的人権を国家権力の侵害から守るためにある。それを抑制して、憲法秩序に従った国家権力を行使してくれる人材を裁判官に任官させるべきだというので、目をつけた同期の修習生のところへ行って酒を飲みながら裁判官になるように説得を続けていたんですね。

それをやっているうちに、それならお前も裁判官になれと仲間に言われるようになってね。それで、四、五年やってみるかと任官希望を出したら、ずっとやる羽目になった(笑)」。

昭和四八(一九七三)年四月、山口さんは判事補として任官する。この頃までは青法協に入っていることははっきりしたマイナス要因と考えられていなかった。初任地は大阪地裁であった。「大阪はよいところだ」と聞いていたために出した希望地だった。

「大阪は戦前の治安維持法で裁判を行ったという人が、まだ高裁の裁判長あたりにおってね、そういう人から戦前に犯した過ちの話を聞かせてもらえた。今だったら無実だろうと思われる、たとえばキリスト教の牧師に対して治安維持法をもとに有罪判決をしたとかね。一方で地裁の裁判長クラスには、戦後の新憲法があったから裁判官になったと公言する裁判官がいっぱいいて、むしろそれが普通という雰囲気だった。

大阪はすごかった。自由だとは聞いとったけど、予想以上だった。個性的な裁判官がたくさんおったし、戦争体験を経てきた先輩たちは事件や被告人を受け入れる度量が大きかった。

僕が初めて左陪席を務めた浅野芳朗裁判長は、実に包容力のある人で、判決言渡しの時に被告人を座らせて読んだり、ひとつひとつの法廷指揮が穏やかで優しいのよ。びしっと背筋を伸ばして、標準語を使い、にこりともせずに法廷の指揮をとるのやけど、裁判が実にスムーズに進んでいく。

ちょうど労働・公安事件などの事件が多発している時期で、法廷はかなり荒れとった。ある時、釜が崎で炊き出しをやっとったセクトが公園で警察と衝突するという事件があって、浅野さんの部がそれを裁いたことがあった。僕は左陪席だったわけやけど、傍聴人は全部釜が崎の労働者で、みんな鉢巻きをしとるわけよ。その鉢巻きを取らせようとしたけれど、みんな廷吏の言うことなんか聞かん。

そこで浅野さんが鉢巻きを取れと言うと、労働者が浅野さんに向かって『これ（鉢巻き）は俺たちの制服じゃ、取れと言うなら裁判官も制服（法服）を脱げ』と発言してね。僕は裁判官席で、おかしくて笑いを堪えるのに必死だった。そういう人がおっても、排除せずに浅野さんの指揮で裁判が進んでいくんですよ。

僕は浅野さんの指揮しか知らないからそんなものだと思っておったけど、まわりで似たような事件を扱っている部は大荒れに荒れたと聞くことが何度もあってね。浅野さんという人はすごい人なんだと理解していった。

浅野さんは修習生指導教官のときに、修習生と一緒に刑務所に出かけて実刑囚と座談会を持たせたり、その会話の中からヒントを見つけて訴訟指揮を改善したりする良心的な人だった。浅野さんの思想と、それをもとにした法廷での適正な判断は裁判を受けている人にもわかっていたと思う。だからこそ、浅野さんの法廷は荒れなかった」。

九州モンロー主義

次の履歴を見ていただきたい。大阪でベテラン裁判官たちに薫陶を受けた山口さんは、以後一貫して九州の裁判所で働き続けてきた。

一九七三年四月〜七六年三月	大阪地裁
一九七六年四月〜七九年三月	熊本地家裁八代支部
一九七九年四月〜八二年三月	長崎地家裁
一九八二年四月〜八五年三月	福岡地家裁
一九八五年四月〜八九年三月	福岡地家裁柳川支部
一九八九年四月〜九二年三月	大分地家裁
一九九二年四月〜九六年三月	熊本地家裁八代支部長
一九九六年四月〜九九年三月	佐賀地家裁唐津支部長
一九九九年四月〜〇〇年現在	佐賀地家裁

「僕は初任が大阪で後はずっと九州やからね。わがままで九州以外は希望しとらんのよ。僕は以前から裁判官はどこかに足場を持ったフランチャイズ方式でやるのがいいと考えておったし、とくにドイツに行ってからはその思いが強くなった。

もともと九州の裁判所には九州*モンロー主義というのがあって、九州以外の東京や大阪の任地を希望しないという風潮があった。大先輩の裁判官に聞いた話では、佐高閥という佐賀の旧制高校の派閥があって、それが九州の司法界を脈々と牛耳っていたらしい。最高裁を意識するというより、中央に対する独立意識が強かった。

その話を聞いて、それはいいと思ったし、東京や大阪に行きたいわけじゃない。だから九州をぐるぐる回りよる。そうなれば、最高裁の人事差別なんか何の問題もないし、自分が差別されているという意識もないんやろね。

今はあまりにも中央集権的で、東京地裁の部総括をするとワンランク上という発想ですね。そんなのは意味ないじゃない。どこでも同じ仕事をしているわけだから」。

——裁判をされる時に九州弁を使いますか?

「使いますね。裁判官が九州で東京弁をバリバリしゃべると、当事者にとっては耳障りだと思うね。言ってる内容が立派でも、どこか嘘臭いという気がするんじゃないかな。法廷で九州弁を使うと、相手もリラックスしますよ。たとえば少年審判の時に『そぎゃん考えでよかとね? お父さんやお母さんは心配しとっちゃろが』と語りかけると、やっぱり違う」。

——裁判所の地方色ということで言えば、司法試験の際に全国の国立大学からそれぞれ人材をとるということになれば、地方の大学のレベルも上がるし、司法の過疎問題にも有効ではないかと思うのですが。

「司法試験は全国統一でもいいと思うけど、法曹養成の段階から高裁単位で独立して人材を育てていけばよいと思いますね。高裁に人事権限を持たせて、高裁の管轄内で異動をするというふうにすれば転勤が少なくなって、すっきりする。転勤は子どもの問題があって、裁判官には大きな負担です。うちの子どもたちも小学校三つ、中学校二つと転勤してる。しかも大都会から田舎とか、田舎から大都会とか環境が激変する。タフな子どもじゃないと辛い。妻も社会活動はほとんどできない。異動の距離が短かければ、単身赴任をして週に一回帰ればなんとかなる。

そういうふうに高裁にいろんな権限を委譲すれば、最高裁の事務総局なんて裁判官がやる必要はないのよね。裁判官は裁判から離れたらいかんのよ。裁判をし続けないと、裁判官じゃなくなってしまう。裁判官は裁判をすることによって尊敬を受けるのは当たり前でも、行政をやることで尊敬を受ける地位にはないんだからね」。

＊モンロー主義　米国大統領モンローが南北アメリカ大陸（西半球）への不干渉を要請するために出した宣言で、そのかわりにヨーロッパとアジア、アフリカに干渉をしないとしたもの。転じて、日本の裁判官の一部に、最高裁からの独立を目指す地域主義を指す言葉として使われている。

山河に癒されて、九州の民の心の声を聞く

山口毅彦さんは一見豪快な酒飲みである。大きな声で、よくしゃべる。私たちは正午前に落ち合って、その翌日の午前四時までしゃべり続けた。

山口さんは陪審制は誤審を予防できる制度ではないという。だが、被告人が陪審制とキャリア裁判官による三審制度を選択できるのであれば陪審制度を導入してもよいと言う。たとえ陪審で誤審があっても、選んだ被告人が自己責任として納得できるからだ。

法曹人口の増員にも賛成する。なによりも地方にたくさんの弁護士がいてほしい。弁護士という批評装置がなければ、裁判官はどんな過ちを犯すかわからないものだ、と率直に言う。

話せば話すほど、大きな声と快活な語り口の向こうに隠れているのは、正義と公平という価値に対するナイーブな感覚であることがわかってきた。

悩みがある時は山に登る。

「九州の山河に自分の体ごと入り込んで、蘇生されるというか。裁判官というアホな仕事をしとって、世俗の垢をいっぱいつけている人間を、天然自然の九州の山がその垢をとり、まともな人間としてシャンとしてくれる。そういう恵みを自分の生き方として呑み込んで、九州の民を救うんだという気持ちになるんで

す。

被告人に対して何の邪念もなく真っ白な気持ちで対峙できるのかというとなかなかできない。裁判というのは本当に難しい。われわれ裁判官は裁判を通じて、自分の予断と偏見と闘い続けているようなものですよ」。

出会い10……井《いの》上《うえ》弘《ひろ》通《みち》裁判官

司法改革に向き合う裁判官

最高裁というのは辛いところがありましてね。お前たちおかしい、直せと言われて、はい、そうですかとやれというのはきついでしょう。

二〇〇一年六月一三日、司法制度改革審議会の意見書が発表された翌日のことだ。私は東京・霞が関の東京地方裁判所へ出かけた。九階の総務課を訪ねると、受付にコピーの束がずらりと並べてある。見れば司法制度改革審議会の意見書を報じた新聞記事のスクラップ集だ。用紙の隅にプリンターの働いた時間が印刷されていて、遅くとも午前六時には作業が始まっていたのがわかる。こうやって組織全体で、世論を咀嚼するわけだ。

私は、裁判所が積極的に裁判官と会わせたいと考える人間ではない。裁判官をインタビューするにふさわしい知見も資格もない。過去に書いた漫画のせいで、裁判所にとって取材を断わりにくい存在なのだ、そう自覚している。いつもこれ一度きりかもしれないと思いながら取材をする。せっかく会う機会を与えられたのだから、出会った裁判官をできるだけ忠実に記録したいと願っている。私に与えられた奇妙な立場を、世の中に還元するためだ。

自分を裁判員だと思って

しばらく自分を裁判員だと思ってみることにした。四三歳、男、仕事がら本をたくさん読むから裁判についてぼんやりとした知識はある。会社勤めをしたことはない。裁判員として、初めて東京地裁にやってきた、と仮定する。

「やぁ、東京地裁というのはなんて立派な建物なんだろう。エレベーターの前はむっつりした偉そうなオッサンたちばっかりだ。襟元で光ってるのは弁護士のバッジか。なんだかここにいると、自然に額に皺が寄ってくるよな。（事務職に案内されて）ここが刑事部の裁判官室か、広くて見晴らしのいいこと。こんな所で働いて、不況なのに斬首の心配もないなんて、ウラヤマシー」。

井上弘通裁判官がぎこちなく笑いながら会議室に入って来た。

「あっ、来た来た。この人が裁判長か、アチャーッ、真面目そうだなぁ。高校の時の同級生にいたな、こういう人、普段は目立たなくて試験でギラッと光るんだよな。運動は苦手そうだけど、がっちりしてるところを見ると根性で柔道二段くらいまではいったかも。そういえば、同級生のあいつ、学園祭の打ち上げで酒を飲んだら、すごくはしゃいじゃって……。あんなに笑ったの三年間で一回だけだったっけ。ああ見えても、みんなに愛されたかったのかなぁ……。それにしても、この人は真面目そうだ」。

普通の人が初対面の人と会って考えることって、この程度のことである。

なんとなく受けた司法試験に四年で合格

井上さんは現在、東京地裁刑事四部の部総括である。

昭和二八(一九五三)年、福岡県福岡市生まれ。九州大学法学部四年生の時に司法試験に合格した。

「学生時代、就職というのが目の前にあるのが実感としてつかめなかった。そこで司法試験なら何年かかるということで、モラトリアムのような感じで受けたんです。すると、たまたま四年で合格したんです」。

井上さんは昭和五二(一九七七)年に判事補として東京地裁の刑事二五部に配属された。当時、東京地裁にはロッキード事件が係属していた。井上さんはロッキード事件のほか、脱税事件を多く手がけた。ロッキード裁判が長引くにつれ、東京地裁に配属された同期の判事補の多くが六年から八年と長く留まる。井上さんも五年間を東京地裁で過ごした後、昭和五七(一九八二)年から一年間アメリカ合衆国のデトロイトに研修に出ている。ある裁判官の法廷に張りついて過ごしたり、おもしろそうな裁判を教えられて傍聴に出かけた。

以後の経歴を見てみよう。

一九八三年七月~八六年六月	最高裁事務総局刑事局二課局付
一九八六年七月~八六年八月	東京地裁
一九八六年九月~八七年三月	大分地家裁日田支部
一九八七年四月~八九年三月	同判事
一九八九年四月~九二年三月	福岡地家裁
一九九二年四月~九二年一二月	最高裁調査官
一九九三年一月~九五年三月	最高裁事務総局刑事局二課長
一九九五年四月~九八年三月	最高裁事務総局刑事局一課長
一九九八年四月~九九年二月	東京高裁左陪席
一九九九年三月~二カ月間	アメリカ研修。公設弁護人制度の調査
一九九九年五月~〇一年現在	東京地裁刑事四部

日田支部に配属されたのは和む場所で暮らしたいと考え、自ら願い出た結果だという。こう言うと決まって否定されるのだが、裁判官のエリートコースを歩んでいる一人と見ていいだろう。司法改革に向き合う裁判官のひとつの典型として、意見を味わっていただきたい。

刑事裁判に改革は必要か

——刑事裁判のベテランとして、質問をさせていただこうと思います。私のような素人がインタビューの準備として関連の本を読んでみると、「日本の刑事裁判は絶望的だ」と書いてあるものに出会います。しかも裁判官の経験者がそう書いておられます。現職の裁判官として、今の刑事裁判の出来高をどうとらえられていますか。

「率直に言えば、その方、その方の立場によってということにつきる。誰もが認めるのは効率と安定、それについては評価を受けると思います。その『絶望的』というのは、あえて圧迫的な言葉を使ったということで、そう思われる裁判官の方もおられるでしょうが、大多数はそうじゃないと私は思います。

なによりも日本の刑事裁判が外国の裁判と違うのは、精密な司法だと思います。そう言うと良さそうに聞こえるかもしれませんが、緻密なんです、細かいんです。判決書きなども細かい。すると書面に頼るところが増えてきます。問題はそういう現れをどう評価するかということになる。よく言われるように、法廷で見ておって書面が多い。陪審制度に比べると証言によってというのがない。一面から見れば、わかりにくいと言われるでしょうし、書面主義というのはわけのわからないところで何かがあると言われやすい。書面を充実させるためにうんと取調べをしなければならない。諸外国に比べて調書が厚い。そこで被疑者の人権上問題があるということになるのだと思います。それはわかりますよ。

では書面主義をやめて、捜査もあっさりしましょうと、後は法廷で勝負しましょうということになれば、今のような緻密な事実認定はできなくなる。精密な司法というのはできなくなりますね。それでいいんですか、ということでしょう」。

——司法制度改革審議会の意見では、被疑者段階で弁護士をつけろと言っています。

「コストとか資源とかが無制限ならば被疑者弁護は大賛成です。これが付いて悪いということは裁判所からする限りありえません。

ただ、たとえば今の国選弁護人のあり方を見ても、今は一人の弁護人にやっていただくのが大原則です。これを一人より二人三人の弁護人が付かれたほうがいいかと聞かれれば、いいに決まっている。それをしないのはなぜか。コストの問題もありますが、それ以上に弁護士さんの数の問題もありますよね。それが被疑者弁護にまでいけば、もっと広がっていきますよね。ですから、これについては制度として考えて、どのあたりでどの程度に導入するかというのは、いろんなバランスを考えての話です。それを入れては困るよというところはないと思いますよ」。

——警察や検察は違うのではないですか？

「え、そうなの？」

——被疑者と弁護士の接見をなかなかさせてもらえないというのはよく聞く話です。

「それは接見という現象面でしょ。弁護がついたら困るというのはあるの？　そんなの無理でしょうもん。弁護士と被疑者が接見するのは権利じゃないですか。裁判所が接見を禁止しているわけでもないのに、刑事裁判が絶望的だというのは、どっちに向いてものを言ってるのと言いたいですね」。

——警察と検察の関係があり、警察の捜査段階でのミスを法律的にチェックすべき検察が庇い、裁判所が検察をおもんばかる、という構造が冤罪を生むような体質を作っている。そこが「絶望的だ」と言われているのではないでしょうか。

「それは言葉の問題だけかもしれないですが、気になることがあります。裁判というのは検察のやってきたことをチェックするということではありません。もともとは何もないところに、こういう被告人についてこういう事件がありますよ、と（検察が）いう時に『検察のほうで立証してごらんなさい』と、『ちゃんと疑いの余地がないほど立証できますか』ということでやってるわけです。

冤罪ということで言えば、私はまわりに法律家などいない環境で育って裁判官になった人間がたまたま刑事裁判をやっているという立場からすれば、冤罪かもしれない事件を有罪にするとか重い刑罰を言い渡すことはありえないし度胸もないですよ。言われるとすれば、意識的ではなくて無意識のところだと思います。

警察がこうやって検察がこうやったんだから間違いないだろう。

ただ基本的に検察だって意識的に冤罪を作ろうとして起訴しているとは思いませんからね。そう言うと無意識にそう思っていると言われるかもしれませんが。

そういう疑いを晴らすためには何が大切かといえば、『虚心坦懐』というか、世間がワーッと燃えていても、そういうのと関係なく『淡々と』出てきた証拠を見る。

この事件をある日誰かがやった。

それをやったのはこの人なの？

それは間違いがないの？

というふうに見るように努めていくしかない。

たとえば調書について、調書の内容が正しいかどうかと問う前に、私たちは調書に書かれていることが、被疑者が言った通りなのかを確かめようとしています。

また、日本という国は無罪率が低いです。だからこそ、気をつけなきゃいけない。自分たちの中で慣れというか、そういうものがあって、被告人の主張を聞いた時に『前もこういう主張があったな、あれも全然駄目だったジャン』と思わないよう意識的に排除しています。

それとはまた別の話で、明らかに警察や検察がある種のチョンボをしていた時に、裁判官がそれを救うというわけではないが、不問に付す、咎め立てしないということはありえます。これはそのチョンボの大きさと事案の性質、チョンボを咎め立てした時の影響などのバランスを考えて、いわば『呑む』ということはあります。これは日本だけの問題ではなくて、どこでもやっていることです。

アメリカの場合をわかりやすく言えば『お巡りがヘマをした、お前(被疑者)は自由だ』という評価になるわけですが、しかし、そこで言うお巡りのヘマというのがどんなに軽くてもヘマはヘマで、『お前は自由だ』ということになるのかどうか。大きなヘマなら『You are free』でいいわけです。そこまで行かないヘマもあるんじゃないか。ヘマはヘマできちんと指摘したうえで、かつ判決に影響させないという判断も現実にありうるし、やってる場合もあります。そこまで含めて裁判官が検察を庇いだてしてると言われると……。もちろん内々にやるわけではなく、きちんと問題にして判決にも書きますし、公判廷でもわかるように処理しています」。

——そういう裁判官の判断が一般にわかりにくい、不透明だということで司法改革の論議で陪審制度の問題が出ているわけですが、司法制度改革審議会の最終意見書にある「裁判員」制度の導入。あれはどう思われますか?　陪審でも参審でもない玉虫色に見えます。

「あれはまさに今言われた通りでしょ。玉虫色にするということなんでしょう。たとえば日本の感覚ではフランスは参審ですが、フランスでは陪審と言っているんです。ある意味では名前よりも実質が大切だと思います」。

——フランスでは市民参加の形が違っても陪審と同じものだと?

「フランスの発想からすれば、ドイツみたいに市民の数が裁判官より少ないか同じというのが参審だという見方があるのかもしれないし、またある程度継続的にやるかどうかが分かれ目になっているのかもしれない。ドイツは参審員に選ばれると何年かやるわけです。フランスの場合は一つの開廷期日ですからね。そういう発想からすれば、数とか任期、選び方はアメリカの陪審的だということなんでしょう」。

裁判員は裁判官の良さをわかってくれる

——審議会の意見書では重大事件に裁判員を入れるべしと言っているわけですが、今、裁判官が裁判員という市民のサポートが必要だと思っているわけではないのですか？

「まず私自身の意見を言うなら、たとえば、国民の負担受容、被告人の納得、当事者、関係者の理解、協力など、いろんな条件や前提がクリアできれば裁判員制度はいいことだと思います。そういうことによって、副次的にいいことが起こる。それは刑事司法で、われわれがいくら考えても動かせなかったことが動くから。たとえば集中審理、連日開廷です。私はそこがネックだったと思う。大きな事件の裁判がなかなか進まなかったものが、集中審理や連日開廷でやるということになれば結構なことだと思います。

ただ、いくつかの論点や思考が混在していると思います。裁判の民主化について言えば、どうして刑事裁判の一部にだけ裁判員制度を導入するんでしょう。民主主義国家で裁判所がどうしたこうしたというのなら、民主化を徹底するならアメリカでやっているように裁判官を選挙で選びますかということまであるわけですね。ところが、ごく一部の分野の一部の種類の事件について国民の一部を入れるということで民主化になるというなら、形づくりと思われても仕方ないいんじゃないか。それで民主化がアプルーブはできない。むしろ、裁判員を入れることを通じて、どういうことが得られるかということを考えなければならない。私のような裁判を運営している立場からすれば、先に言ったように集中審理ができる、そして、市民が入ることによって裁判がわかりやすくなる。

なんといっても一番いいと思うのは、いろんな条件をクリアした理想的な場合ですが、われわれにとって今まで受けていた批判が、はっきりといわれのないものだとわかってもらえると思うんです。たとえば冤罪事件などがそうですが、いかにも自分たちのわけのわからないところで、検察との関係だけで、官僚的にわぁわぁやって、ちまちまやってごまかしてる、わかりにくくしているという目でもし裁判官が見られているとすれば、現実は全然そんなことはないよと。あなたたち市民と同じ感覚を持った人間が、代々世襲というわけではないんですから、あなたたち市民と同じように悩んでやってる。ただいくつかの経験と訓練を踏まえて、できるだけよりよいものにしてるよ、ということが絶対にわかってもらえると思うんです。それがわれわれにとって一番のメリットですね。

また市民が入ることでちょっとでもよりよい裁判になればいいことです。ただ、それに伴って失われるものもあることはわかってほしい。裁判がわかりやすくなるということは、今よりは精密さは欠けるでしょう。こまかい事実認定がどうなるかというと、若干はラフなものにならざるをえない。そうするとアメリカの陪審制度のように判決に揺れが出てくる可能性はある。そのあたり（のリスク）は当然わきまえたうえでないと、この制度にあだやおろそかに賛成して、後でこんなはずじゃなかったということだと困る。

なぜ、こんなことを言うかというと、アメリカの陪審制やヨーロッパの参審制をよく見たり研究された方、そのなかには裁判官も含まれますが、その方たちはいろんな問題点を指摘されているんです。お節介かもしれないですが、ものすごく誠実なんです。気になる。そういう問題を十分にわかって制度を変えるならいいですが、わからずにムードで変えると後で……。そういうわけでおっしゃる方が多いんですが、（改革の邪魔をしようとしているという）誤解があれば気の毒なので言っておきたい」（インタビュアー注――ここではしゃべっている主体が井上氏個人なのか、司法への市民参加を反対している論客なのかがわかりにくいが、あえてそのままにした。さまざまな視点に配慮して列挙する語り口そのものが、司法に「緻密さ」と「精密さ」を堅持しようとしている井上判事の「精密さ」の一典型であろうと思うからだ）。

――意見書では裁判員については曖昧なままですが、井上さんには「こんな規模で」「こんな裁判に」絞ったらという、裁判員の入った法廷のモデルはありますか？

「今、重大事件で法定合議にするかとか、死刑のある事件にするかという話がありますが、一番市民的感覚の入ったほうがいい事件はそうですかね、という気はします。

たとえば滅多にないですが『わいせつの基準』を決めるような裁判など、社会の常識と法が合ったほうがいいものがある。ほかに収賄事件などには、市民感覚からすれば『この程度なら社会的儀礼だよ』という話の出てくる余地があるでしょう。もちろん、社会の常識よりも法(の適用)が厳しくあるべきです。常識通りにふるまったらみんな処罰されるというのではたまったものではない。ですから、裁判所の判決が社会常識からしたら『甘い』と言われるのは、むしろいい頃合いだと思っています。

裁判員の人数はとても難しい。たとえば運営しやすいようにと考えれば、裁判員は少ないほうがいいですよ。ところが少なすぎると、裁判員がしゃべらない、あるいは自信を持って言えないということになると、やはり裁判官と同数か多くないとならないでしょう。また、社会の各層から意見を反映させるのであれば、もっと増やしてフランスのように陪審九人というかたちもあるでしょう。フランスでは裁判官三人に市民一二人という法廷もあるそうですから。要するにポイントによる。

見た人の話を読むと、ドイツではわりとうまくいっているというのです。裁判官がリードしていると率直に書いてあります。ただドイツ人は理屈っぽいから、わぁわぁ意見言う人もいる。それに参審員を無制限に抽出しているわけではない、というところもある。

一方、フランスは無制限に抽出しています。そういう市民が九人または一二人と裁判官三人だと、率直に言って議論はできない。一人ずつの意見を聞くだけで時間がかかりすぎる。

何人がいいかは決め手がないから難しい。フランスもドイツも行ったり来たりしているし、アメリカやイギリスも一二人が所与の前提かといえば減らしたりもしている。そこはかなり経験的なものがあるから、できるだけ堅いところ、各国で安定している数を導入するんじゃないでしょうか。

ただ、今度の意見書では裁判員と一緒に量刑も判断することになっている。ここが悩ましいですね」。

裁判官は時代より半歩遅れるほうがいい

——最高裁事務総局はもろ手を挙げて、司法改革に参加するのでしょうか？

「それはわからないし、最高裁というのは辛いところがありましてね。改革の旗を振る人は、今の制度がけしからんとか裁判官おかしいと言うわけでしょ。お前たちおかしい、直せと言われて、はい、そうですかとやれというのはきついでしょう。もうひとつは、陪審制や参審制では被告人の人権あたりで憲法問題が出てくる可能性があるのです。どういう制度になるかわからない時に、もろ手を挙げてやりましょうと最高裁は言えない。一歩引いた立場でやらざるをえない。もともと裁判官はそういう立場です。いくら判決を批判されても弁解しない。そういうものです」。

——しかし日本の先行きが不透明な今、国民ははっきりとした言葉を求めています。先日のハンセン病判決などは歓迎したムードで迎えられました。これから裁判官が極まった場所での価値や言葉の重みを保証する立場を求められるのではないでしょうか？

「そこに関しては個々人の考えや裁判官の独立からいろんな発想があるでしょう。しかし、裁判官が法の運用、適用、類推解釈によってあたうかぎり正しい解決を求めて切り抜ける分野と、ここから先は今の法律では、憲法違反でない限り、どうにもならない、立法で考えてもらわなければならない分野と二つがあるんです。そういう切り分けをして、その場その場の人が考えなければならない。

おっしゃることはわかります。社会にそういうニーズがあるのもわかります。だけども、私たちがここで考えなければならないのは、日本の裁判所は民主的正統性がどこにありますかということです。アメリカのように裁判官が選挙で選ばれるならば、民主的正統性はあるでしょう。アメリカの裁判官を褒める言葉はGOOD POLITICIANです。日本の裁判官なら政治家と呼ばれて怒るでしょうし、国民も違和感ありますよ。そのぐらい違う。だから、アメリカの裁判官にできても日本の裁判官にはできない分野があるんです。そういう違いをわかってもらいたい。私たちはできる範囲で一生懸命やらなきゃいけないし、時代の流れやムードもわきまえていきたい。

ただ、私は堅いかもしれないけれど、社会のムードや流れがあるにしても、裁判官は一歩せめて半歩は少し後ろでやっていくようにしなければいけないと思いますね」。

出会い11……ハンセン病訴訟熊本地裁裁判官を語る

法の言葉が輝いた

彼らは、もともと社会正義のために裁判官になっている。それが法廷でにじみ出るんです。(原告団代表・八尋光秀弁護士)

二〇〇一年五月一一日、朝刊に驚きを交えた大きな活字が踊った。

「ハンセン病隔離は違憲」

「国に一八億円賠償命令」

「熊本地裁判決　人権著しく侵害」

「国会の責任も認める」

「差別・偏見の放置は過失」

「『人間回復』名乗る喜び」(以上、いずれも二〇〇一年五月一一日付朝日新聞朝刊より)

事件の名は『「らい予防法」違憲国家賠償事件』という。

当初は原告一三名によって、平成一〇(一九九八)年七月三一日に熊本地方裁判所に提訴され、口頭弁論が終結したのは平成一三(二〇〇一)年一月のことだった。そして同年五月一一日に、被告である国の責任ばかりか、らい予防法および新法の存在を放置した国会議員の「不作為」の過失までも認定した、実に勇気ある、すがすがしい判決が下された。

「一般の国立療養所においても患者同士が結婚して子どもを持つことができないのは当然のことであり、療養所に収容されたハンセン病患者が子どもを持てないと考えていたことと優生政策を結び付けることは論理の飛躍だ」と主張する被告(国)に対して、判決は言う。

《被告は、少なくとも、原告らの大半が入所した昭和三〇年代以前においては、退所することをほとんど念頭に置かないで、患者を隔離してきたのであり、患者らは、いったん入所すると、家族や社会と切り離され、療養所外の生活基盤を失い、退所することが極めて困難な状況に置かれ、その結果、多くの入所者が、療養所を生涯のすみかとして暮らさざるを得ず、現実に、入所者の大半が、退所することなく、生涯を療養所で過ごしているのである。したがって、国立らい療養所とそれ以外の一般の国立療養所とでは、入所者の置かれた状況が全く異なっているのであり、これを同列に見る被告の右主張は失当である。昭和三〇年代まで、優生手術を受けることを夫婦舎への入居の条件としていた療養所があったが、これなどは、事実上優生手術を強制する非人道的扱いというほかない。被告の右主張は、入所者らの置かれた状況や優生政策による苦痛を全く理解しないものといわざるを得ず、極めて遺憾である》(判決文五二六～五二八頁)。

ハンセン病訴訟の裁判官

私は過去一年の間、裁判官という人種にインタビューを申し込み、さまざまな質問をしてきた。裁判所を地道に変えようと努力する人、かつての自由な雰囲気が裁判所から失われていくことを憂う人、最高裁事務総局の仕事が特別なものではないことを力説する人、最高裁によって激しい人事差別を受けながら裁判官の職務を誠実に果たそうとする人。それらの人々の話を聞いてきた後だっただけに、ハンセン病訴訟の判決において法の言葉が輝いたことがいっそう衝撃的であった。

そこで、この裁判の原告団代表の八尋光秀弁護士のインタビューを通して、この裁判の経緯と裁判を担当した杉山正士裁判長、伊藤正晴裁判官(右陪席)、渡部市郎裁判官(左陪席)の仕事ぶりを聞いてみることにした。

――ハンセン病判決の報道に接して、心が浮き立つような喜びを感じました。裁判官の仕事はやはり「判決につきる」と感じました。

「そうですね。久しぶりに司法が人々に感動を与えるという本来の目標を果たした判決でしたね」。

――裁判を担当した杉山正士裁判長、伊藤正晴裁判官、渡部市郎裁判官はどんな人たちなんでしょう?

「三人ともわりと評判のいい人たちで、杉山さんも伊藤さんもよくできる裁判官だと言われています。杉山さんは昔、判検交流で国側の代理人をやっていたこともあって、いわゆる判検交流の弊害を言われるような履歴の持ち主なんです。杉山さんと伊藤さんは、ハンセン病判決が結審して判決を書いた直後に異動しました。ですから判決言渡しの時には左陪席の渡部さんが立会いをした。杉山さんは福岡地家裁の裁判長になったし、伊藤さんは東京高裁の裁判官になったと聞いています。どちらも栄転ともとれる異動なんです」。

——そういう人たちがあの判決を書いた。意外な気がします。今、司法制度改革論議がさかんで、裁判所や裁判官のあり方が批判されています。状況的に思いきった判決が書きやすかったということでしょうか？

「いや、それはあまり関係ないと思います。今なされている批判自体は大雑把なもので、正確な批判ではないと思います。

基本的には事件の個別性とか、事件の大きさや事件そのものの力が問題なのでしょう。裁判というものは、裁判官と事件の相関関係で進んでいくものだから、いくらいい裁判官でも事件の力があまりなかったり、裁判の中で事件の本質が十分に出なかったりすると、裁判官は判決の書きようがないこともあります」。

——今回は裁判官と事件の組合せがよかった？

「やはり事件の大きさと力です。事件の中身を検証していくうちに、汲めども汲めどもつきない、この事件は深い、そういうことが裁判官に伝わるかということでしょう。これまではハンセン病患者の隔離政策という事件そのものが大きすぎて、旧厚生省も手がつけられなかったし、政治家も含めみんな手がつけられなかった。こんな大きな事件をどうすればいいんだとね」。

訴訟の発端

——八尋さんがこの訴訟を手がけられたきっかけを教えてください。

「平成七(一九九五)年の八月か九月頃、九州弁護士会連合会の人権委員会に島さんという人から手紙が来たんです。『らい予防法』が法廃止になる流れがあるのだが、法曹はちゃんとやってほしい、という内容でした。当時、僕は人権委員会の担当をやっていたものですから、その年の一〇月から調査に入り翌九六(平成八)年の一月に調査を終えたんです。調べ始めて『こりゃあ、おおごとばい』という認識があって、勧告や意見書を出しました。そして九六年の三月に法廃止になった。

こちらとしては、その後の社会復帰支援策を見てみようということになりました。社会復帰政策が厚生省から出たのが、九八年の三月です。それから訴訟の準備に入り、四カ月で訴訟を立てたんです」。

——それは、支援策がなってなかったからですか?

「なってなかった。それ以前に、僕は厚生省の支援策の担当と会って『支援策をきちんとしないと、患者さんが裁判をしたいと言ったら断われないよ。ぜひちゃんとやってほしい、たいへんな裁判になるから』と言ってあったんです。ところが、厚生省は法的な責任に基づく支援策ではなく、福祉の一環としての支援策にしてしまった。患者はかわいそうだが、厚生省に責任はないというスタンスをとったわけです」。

——お情けはあげるよ、と？

「そうです。それじゃ、駄目だって！ 支援策の準備段階ではもう少し踏み込んだ、補償に近いかたちの支援策にしようという動きがあったようですが、うまくいかなかったようです。

支援策は患者が療養所を退所する時に上限で一五〇〇万円を支援するというものでした。しかも退所する時に金が必要なのに、自己負担をした後に領収書を持ってきたら払ってやるという内容だった。もちろんもらえない人もいる。

これでは仕方がないという話になって、とりあえず原告になりたい人を一三人集めて、四カ月で提訴したんです。

平成一〇(一九九八)年の七月三一日に提訴して、八月に国会に提訴の挨拶に行きました。普通はこんなことはしないものですが、当時の官房長官だった野中広務氏が会ってくれました。野中氏に『こういう裁判をやってます』と挨拶をすると『十分承知しています』という返事が返ってきた。彼はその場で『じゃあ、あと一〇〇万円乗せましょう』と言って、支援策の上限は二五〇〇万円になった。でも、それで提訴を取り下げるわけにはいきませんからね(笑)。

ただ野中氏はその時に『自分は被告の立場だし、三権分立の立場からも裁判については何も言えない。まぁ、頑張ってください』と発言された。そのあたりから控訴断念の筋というのがあったんですね。江田五月氏にしても、橋本龍太郎氏にしても、ハンセン病問題に絡んだ人たちは、ことの重大さがわかっていたと思います。それでも、あの判決を読んで『あの時、自分が見たものはこういうことだったのか』とあらためて被害を再認識した人はいたと思います」。

判決に対する評価

――今回の判決で、一番すごいところはどこですか？　除斥期間を認定しなかったり、国会議員の不作為を認定したりしていますが……。

「この判決の一番いいところはそういう法技術的なところではなくて、一九〇〇年初めの時から、この隔離はいらなかったと言っているところです。これは原告の名誉にすごく配慮した判決です。たとえば判決には、明治三〇年あたりからハンセン病が医学的にどうとらえられてきたかという流れがずっと書いてあります。初めてハンセン病が伝染病だとわかった時には恐れられていたけれども、一〇年二〇年経ったところでは全員隔離しなくてはいけないという認識はなくなっていた。自発的入院や一時的な家庭内隔離といった方策があり、一般的に全員をハンセン病だからという理由で隔離しなければならないという考えはなかったんだというのを書き込んである。ハンセン病だからハンセン病に対する差別や偏見を、病気そのものが作ったのではなくて、政策や法律が作ったのだというためにずっと積み上げてきている。

ここで裁判官が言おうとしているのは、一九〇〇年の初めから日本型の隔離は必要ではなかった。現在の憲法ができる前から必要のない政策だったし、憲法ができた段階では憲法の要求する合理性もなかったということです。

一方で、その後国家賠償法ができ、国家賠償法上の違法性はただの違憲では違法にならないという話を押さえて、それから国家賠償法上の違法になった時期や厚生大臣の過失、国会議員の過失を遡っても、せいぜい一九六〇年代だと範囲を狭めている。

手堅い。すごく手堅い判決です」。

杉山裁判長は勇気ある人?

——杉山正士という裁判長は勇気のある人だったんでしょうか?

「事件の大きさがあの判決を書かせたんでしょう。人間として、ということだと思う。それだけ事実が審理の中で出た。やっぱり説得の前に感じるってことが必要です。彼らは感じたわけです。その後には技術的な説得もあるけれど」。

——代理人としての仕事がうまくいったと?

「一〇年かければそれなりの結果が出る事件でしょうね。ただ審理が二年半で終わったスピードは弁護団の踏ん張りでしょう。書面の準備もそうですが、裁判に入る時に審理のスケジュールを『うちはこうやるんだ』と示せた。二〇〇〇年の九月には立証を終える予定でした。一年半というのは象徴的で、つまり裁判官が変わる前に審理を終えるということです。裁判官に『あなたに判決を書いてもらいますよ』と。裁判官だって葛藤はあったかと思いますが、腹さえ決まればいつまでに結審しなければということで、開廷期日を決めていきます。ひと月あけずに一回という早さで審理が進んでいった。

裁判官を動かすのはやっぱり正義感です。それが見えた時には勝てる。たとえば代理人をやっていて、裁判官の人間性や正義感が事件の中身を理解していくようすから伝わってくる。彼らは、もともと社会正義のために裁判官になっている。それが法廷でにじみ出るんです。今度の裁判でもそういうことがいっぱいあった。

たとえば、こんな立証計画でどうか、という時に、尋問する原告をこういうかたちで選びたい、全体の二割三割に絞り込むということだが被告の意見も入れて決めたいと提案すると、『そうしましょう』とスッと乗ってくる。それは、裁判官が裁判を通じて正義を実現しようとしていることの現れなんです。そういうスタンスは裁判を通じて見えるし、三者協議の時にギスギスするということがないですね。三者ともに一つの目的に向かっているという雰囲気があります。

杉山さんはどちらかというとおとなしい人だし、弁護士の評価がとくに高かったという人ではないと思います。二六期で熊本地裁の裁判長というのも普通と言えば普通です。川辺川の行政裁判では国を勝たせる判決を書いているし、これまでこういう国を大きく負かす判決は書いてないんじゃないでしょうか」。

——葛藤はなかったんでしょうか？

「葛藤はあったでしょうが、裁判官の葛藤というのはもともと自覚的じゃないと思います。俺はいつもの通りやっていると、他の裁判でやったように自分の基準を当てはめるとこの事件はこうなるという感覚だと思う」。

——すると、ハンセン病訴訟という車のエンジンがいつもより大きい排気量で、いつもの通りに車を運転していたら、このスピードで、この判決にたどり着いたんだと思っている？

「自覚的にはそうだと思う。他の事件へのエクスキューズとこの事件への誇りの両方を含めた気持ちかな。だけど傍から見ていると、三人の裁判官が裁判を通じて変わっていった時期があるんです。それは出張尋問で原告患者から話を聞いて、後戻りできない気持ちになっていった。そこまで踏み込んで、腹が決まった。

判決には非公開で尋問した人たちの被害は具体的に書いてないんです。裁判官三人が本当に『あっ！』と思ったところはプライバシーの問題があって書いてない。国側の証人を反対尋問する時に、そういう被害の部分を黙読して、これはどう思っているのかと聞いたりしました。裁判官も証人ももちろん黙読してわかっているけど、傍聴席は何をやっているのかわからないということもありましたからね。

もちろん裁判が始まった時に、裁判官は原告代理人の立証計画に乗り、原告の選定にも乗ってきた。『原告弁護団は本気で短期に決着をつけるつもりだぞ」と感じた。陳述書に書かれた被害も読んだ。『そうとうすごいぞ。これは原告弁護団の言ってることに泥舟でもいいから乗ってみよう』というかたちで、療養所で出張尋問をやってみた。すると『思ったよりすごい。これはただごとではないぞ』と、段階的に裁判官の気持ちが変わっていった。憶病な裁判官だったら、出張尋問にも乗らなかったでしょう」。

——裁判官が尋問などの時に泣いたことはありますか？

「我慢してて、泣いたも同然ということはありました。目がうるむくらいは三人ともあったでしょう。人間ですから」。

——判決が出た時、原告弁護団代表として、どんな気持ちでしたか？

「ホッとしました。こちらの流れで裁判は進んでいたけれど、どこで間違うかはわかりませんからね。この判決と控訴断念のどこが良かったかと言えば、『書きたいことを書けば市民が評価してくれて、世論がついてくる。判決に感動してくれる』ということを裁判官に伝えられたことですよ。裁判官は今まで、自分たちのところにあまり市民はついてきてない、と思ってた。それが裁判官を弱くしてた。このハンセン病判決は他の裁判官にも勇気をすごく与えたんじゃないでしょうか。裁判官たちは『俺もいっちょうやりたいな』と思ってるんじゃないかな」。

座談会

市民に開かれた司法をつくる

二一世紀の裁判と裁判官

今、日本の司法システムは大きく変化しようとしている。

裁判システムや裁判官は、どのように変化していくのか。

また、私たちは何ができるのか。

昭和三〇年代生まれの裁判官・研究者が戦後の裁判官システムの歴史を振り返りながら、模索してみた（二〇〇一年一〇月二三日。大阪にて）。

歴史の中の裁判官

●戦後の裁判官の誕生

毛利　まず、第二次世界大戦後の裁判官の世代について話をしてみたいと思います。もともと戦後の裁判所には戦前の裁判官と戦後すぐに憲法下で任官した第二世代の二つの葛藤があって、そこに六〇年代後半の全共闘的な第三世代の裁判官が割って入ってきた。その時に*司法の危機が顕在化するのではないかという仮説を立ててみたのですが。

　六〇年代に違憲判決を出した裁判官は第二世代でしょうか？　*福島判決など違憲判決とかが出てきて、自民党が警戒して*青法協批判を始めるわけでしょう？

馬場　違憲判決が最高裁までいったのも大きかったと思います。横田正俊といった人たちが最高裁で判決を出したのが六〇年代後半。下級審で積みあがっていく違憲判決を最高裁が認めてしまうということがあって、下級審では安保、自衛隊、公安条例、スト権、戸別訪問などに対する違憲判決が次々出ている。それは政権政党の立場から言いますと「これはいかん」と思いますね。

浅見　今言われた戦後世代論で全共闘世代の人というのは戦後生まれですね。昭和二〇

司法の危機　一九六五年以降、下級裁判所で違憲判決が相次いで出されたことに端を発して、右翼ジャーナリズムが「偏向判決」キャンペーンを展開。とくに、民主的な法律家の研究団体である「青年法律家協会」に加入している裁判官に対する執拗な批判が繰り返された。これに呼応するかのように自民党は、司法問題についての意見をまとめるために司法制度調査会設置。

年代生まれの人。お二人が言われるのは、この本の中に出てくる井垣康弘さん（本書六七～八八頁）なんか典型だと思うのですけれど、そうした全共闘世代よりも少し前の世代の話ですね。毛利さんが言われた福島さんは、井垣さんよりもっと前です。司法研修所の期からいくと一〇期から二〇期にかけての人たちだと思うのです。この世代と第二世代が六〇年代後半の主役かもしれませんね。

毛利　井垣さんは戦争が終わった時に子どもだった、いわば焼跡派です。その時代の人は世代に入れていませんでした。すると、戦争が終わった直後に新憲法下で任官した石松竹雄さん（本書一八～三〇頁）のグループが第二世代、井垣康弘さんのグループが第三世代、全共闘前後の山口毅彦さん（本書一一五～一二八頁）が第四世代ということになるでしょうか？

浅見　石松さんも戦後世代と言えば戦後世代なのでしょうね。だけど、やはり感覚が違うような気がします。戦前のことも知っていますからね。彼らの原点は戦争なのです。戦後教育もあるのですけれど、やはり基本的には戦争が基本で、「あの時苦労した」と、「知合いが亡くなり、父や友人が戦争に行った」とか。石松さんもそういう世代です。

僕が任官した時、大阪高裁にはその世代がぎりぎり残って裁判官の仕事をしていました。先輩から、高裁に行ったらとにかく戦争の話を聞かなければいけないと言われまし

これに対して最高裁は、裁判官の独立を厳守することを表明。しかし、最高裁もこの直後に起きた平賀書簡問題を契機に、青法協加入裁判官に対する脱退勧告など裁判官に対する統制を強めた。そして、宮本判事補の再任拒否へと発展する。この一連の動きを「司法の危機」という。

福島判決→青法協批判の用語解説を参照。

青法協批判　青法協の正式名称は青年法律家協会。一九五四年に二八〇名ほどの若手法曹・法学者によって結成された法律家団体。主に憲法擁護のために活動。任官する判事補の三分の一が加入するほどになった。一九六八年頃に始

た（笑）。みんな戦争について話したいことがいっぱいあるわけです。あのあたりの人たちが法曹になった原点はそのへんにあるような感じがするのです。

毛利　これは家永三郎さんの『法史論』（家永三郎集第九巻、岩波書店・一九九八年）の中の「日本における裁判の思想史的考察」という論文です。

ここに「昭和二二年八月に○○裁判所に入った○○○裁判官には任官後まもない昭和二三年一月二十五日付で『自己精神革命、自己の徹底的改造』の決意を述べた手記覚書をしたためているが、その中に『封建制度の徹底的破壊と払拭』とか」という言葉が書かれている。またこれは論文に転載されたメモですが、「生まれ変わらせの苦しみ。特に○○裁判所における精神革命の促進の苦しみ」「重大な権限の上に」という下に三つ類型が書いてあって、「茫然として五里霧中にある者、泰然として腰を抜かしている者、グーグーと惰眠を貪っている者」と三つの類型が書いてあって、それをカッコで閉じて「魂の入れ換え」とか書いてあるわけです。続けて「刺戟、覚醒、警鐘乱打、冷水三斗、臀叩き、推進、sail on! sail on! and on!」とかですね。

「判決」の三類型というのもあります。一つめは「蠑螺判決（ひたぶるに蓋を閉ぢたる蠑螺かな、物言えば唇に寒し、沈黙の自由の殻におるべかりけり）否定」。二つめが「真綿判決（平面判決、形式判決、小手先判決、小股掬判決、観念的皮相判決）否定」。最後は

まった、保守的ジャーナリズムと政治家による裁判所に対する政治的偏向との非難の矛先は青法協に向かった。とくに、長沼ナイキ訴訟で違憲判決を出した福島裁判官が同会員だったことから、同会への攻撃が一段と激しさを増した。そして、最高裁は、青法協加入の裁判官に対して脱会勧告を行うまでに至った。一九七一年に宮本判事補に対して再任拒否があったが、その理由が青法協会員であることを間接的に認める発言を最高裁事務総局はした。これを契機に最高裁事務総局による裁判官に対する統制が強化され、現在に至る。

「露頭判決（立体判決、実質判決、四つに組んだ判決、横綱判決、情理判決）希望」です。これはたぶん石松竹雄さんぐらいの世代の人が家永さんに見せたのでしょう。もしくは手紙を書いた。

馬場　「覚書」か「決意」みたいなものでしょうか？

毛利　「精神ノート」というか。

浅見　今「魂の入れ換え」というような表現がありましたね。あの頃の人はそういう意識がわりとあったのではないですか？　天皇主権から国民主権へと、国家体制が一八〇度変わったわけですから。落差が大きかった。

馬場　法学者などは戦前戦後でそんなに激しく変わってないですね。ある有名な東大の法社会学者の戦前戦後の評論を読み比べたんですが、戦争中に『法律時報』なんかで「学生を出陣させてなんやかんや」と戦意を煽ってた人が、戦後なんら反省もなく、新しい体制の中で「新時代をしっかりやっていこう」みたいなことを平気で書いているわけです。逆に元最高裁長官の横田喜三郎などは戦前からのある種リベラリストを通した人です。だから僕はいろんな人がいたのだろうなという気がします。

こういう気合の入った人、どのくらいいたのですか？

浅見　たしかに一部だったかもしれないですね。

馬場　「こっちに来たら困るな」とかそういう感じでなんとか嵐が過ぎ去って、新しい時代の中でもうまいこと裁判官のまま続いていければいいなという人がわりあい多かったのではないですか？

浅見　いつの時代でもそうなのです。安全に過ごせるかどうかが。まさに今がそういう時代なのです。古い司法の体制の中でずっと身を堅くしてきたが、今周囲が変わりつつあるわけです。社会も司法も……。変化の時に、だれも批判とか反省をせずに、次の時代に乗れればいいみたいなところがないわけではありません。これは不安の裏返しの面があります。

最近、裁判官制度の改革に関しての意見交換会というのが裁判所内部で盛んに行われています。将来に不安を述べる判事補に対して「大丈夫だ、キャリア制度は残るのだ」と言い聞かせるというようなこともあると仄聞しています。

根本的に自分を変えなければいけないと思う人もいれば、「乗り遅れたくないが、このまま続けばいいいな」と思う人も多いようです。波は来てほしくないし、もし来るなら

浅見宣義
（あさみ・のぶよし）
大阪高等裁判所判事職務代行
（大阪地方裁判所判事）

うまくサッとかわせればいいやというような感じというのは否定できないと思うのです。そこにやはり日本の根本的な問題があるのでしょう。

●裁判官の戦争責任

毛利 そこはドイツとどう違いますか？

浅見 ドイツは一般的な話になりますが、「戦争責任」「ナチの問題」について徹底してやっているわけです。

僕がドイツでハンブルグの裁判所の所長室に行った時のことですが、一八六一年にプロイセンが統一した頃からの所長の写真がずら一っと貼ってあるのです。ところが、ちょうどナチの時代だけの、十数年間の所長二代だけ写真がないのです。歴代の所長が所長室に飾ってあって、数えていくと年代は通じているのですけれど二人分だけ抜けているんです。「なんでですか？」と聞いたら、当時の所長が答えにくそうにしていました。よく考えたらまさにナチの時代なのですね。

だけど彼らはその時代を否定しなくてはいけないという思いがあって、ナチの被害者の人たちの追悼碑を裁判所に建てたり、裁判官の戦争責任みたいなのを裁判官内部で議論したようです。

もっともドイツですら戦後一〇年から二〇年経ってからやれた。一方の日本は残念ながら戦後五〇年、六〇年経ってもそれが基本的にされていない。

毛利　さっき言われたように戦争中の話は大阪高裁で盛んにしなければいけなかったわけですね。

浅見　個人的体験は話ができるんですよ。しかしカルチャーを変えようと思ったら、戦争責任ということでだれがどのぐらい責任があるのかを追及しなければいけないのです。たとえばその時の司法大臣はだれだったのか、大審院長はだれだったのか、軍部に対してどのような態度をとったのかということを、徹底的にやらなければいけないわけです。実は部分的にですが、それをやろうとした人がいるのです。

毛利　だれですか？

浅見　改革派として戦後抜擢され、最後の大審院長をした細野長良という人です。この人の評価は分かれるでしょうが、司法の歴史を学ぶために、ぜひ皆さんに知っておいてほしい人です。この人は、戦争中、広島控訴院長の職にあり、時の東条首相が司法部に頭の切替等を要求した時、抗議文を送りつけました。そして「当時何の行動もとらず、司法権独立を守れなかった人間は、新しくできる最高裁に入れるべきではない」と訴えたのです。ある意味ちょっとエキセントリックなところもあったみたいで、最高裁判事候補者の選択の基準と資格を繰り返し主張しました。するとまわりはみんなうんざりする。人間としては、そうした反応は仕方がないとは思うのですけれど。

「細野というのはGHQに繰られてあんなことを言っている」と中傷されたり、「彼を最高裁判事にしてはいけない」という運動があったようです。当時、最初の最高裁判事選任に関する選挙運動が二派に分かれていろいろ盛んだったみたいで、「謀略電報事件」というのが起きるのです。細野さんに対抗する人たちがやったのではないかと言われていますが、真相は明らかではありません。結局、細野陣営は破れたのですが、細野さんの下についていた丁野暁春、根本松男、河本喜与之という大審院や司法省の中心にいた人たちが下野した後でその経緯を本に書いています。この本はとても貴重ですので、ぜひ読んでいただきたいと思います(『司法権独立運動の歴史』〔法律新聞社〕)。山本祐司さんの『最高裁物語上』〔日本評論社〕にも、物語風に書かれてあってよくわかります。

毛利　それはいつ頃の話ですか?

浅見　ちょうど昭和二一、二二年。最高裁発足のときのドラマです。この頃はもう激突ですね。細野さんに反対する人たちは、絶対に細野支持勢力に勝たしてはいけないということで、自分たちなりの正義感を持っていて全国を行脚して選挙運動をやるわけです。怪文書も出たようです。戦後できた最初の*最高裁判所裁判官任命諮問委員会は、そうしたごたごたも影響してか、その後廃止されました。その後は、最高裁判事の選任は最高裁のおぜん立てで内閣が指名するというふうなかたちになってしまいました。細野派と反細野派が裁判官任命諮問委員会やその外で、戦争責任の問題とかGHQの関係とか、だれがどのように司法権の独立に協力したのかしなかったのかという問題を問いあった。おそらく外から見たらごたごたしたという印象を持たれたのではないかと思います。それがどう影響したか知りませんが、最高裁判所裁判官任命諮問委員会はなくなってしまった。非常に残念な歴史なのですけれど。僕はこの歴史を忘れてはいけないと思うのです。

裁判官には、過去の司法制度の変化や議論に学ぼうという意識が少ないような感じがします。非常に残念です。

毛利　そういう大切な情報がぶつっと切れているところが最大の問題だと思うので、世代論を持ち出しています。要するに若い人と歳とった人とが情報を共有してないのです。それぞれが違う情報を持って生きているのです。どうしてでしょう?

馬場　先日、日本の法社会学者が戦争中何をやっていたかということを調べたのですが、日本の法社会学も戦後いろいろスターが生まれ、五、六〇年代は民主主義の旗手みたいな役回りだったのです。「戦後の民主的な社会の中で新しい法制度ができました。

最高裁判所裁判官任命諮問委員会　戦後制定された裁判所法下で、最高裁判所裁判官の指名・任命について、内閣から諮問を受けて答申した機関。吉田内閣と片山内閣で設置され、後者の設置委員会が最初の最高裁判所裁判官候補者三〇名を答申した(うち一五名が任命された)。しかし内閣の責任を不明確にすること、一時に一五名を選ぶ場合は適切だが、一人二人を補充する場合には不適切などの理由で、昭和二三年一月裁判所法改正で廃止された。

社会は封建的だから、それをわれわれが旗を振って変えていかなくてはいけない」というような。

ところがその人たちが、戦時中には占領地の中国東北部で「その地域の慣習を調べて合理的統治に資するのだ」とか、「日本との摩擦をうまくなくするために」というような名目で調査をやっている。戦後とある種同じ論理で、遅れた社会に近代的支配を及ぼすみたいなことを戦争中も考えているのです。そのことについてどう考えるか、というような突っ込んだ議論もなく、彼らはそのまま戦後の新しい体制の中で生き延びていく。

その人たちの教えを受けた次の世代が「戦争中は弾圧されてやむをえず満州へ出かけて行って調査をやっていた」というような図式だけで見て、「それは暗黒の時代だった、しかし戦後新しい時代になってわれわれは自由に、ついに研究することができるようになった」みたいな図式で話すわけです。

自分たちに都合のいいような歴史ばかりを語ってきた。文献の中でもそういうかたちで法社会学史は語られていて、それはどうも違うのではないかという感じを僕はここ数年持ちだしたのです。

だから学者でも同じように自分たちの過去についてえぐっていくというか、反省していくような気運というのはあまりなくて、やはり自分たちの足元を「自分たちは弾圧された、自分たちは苦労したんだ」という話はしても、「自分たちは悪いことをした」もしくは「自分たちはこういうふうにごまかしてきた」みたいなことを十分総括していない。法学者は多くのところがそうだと思うのです。そういうことを議論する雰囲気というのはあまりない。「先輩偉い」「先生について逆らわない」という体質が、戦後民主主義とか言いながら続いていく。表面的には反逆らしきものがあっても、メインストリームで残っている人たちというのは叛逆した人たちをわりあい周辺化するようなかたちで戦後も残ってきたような感じがして、それは裁判所だけに限らないような気がするのです。法学とか戦前からあるようなエスタブリッシュメントの間ではどこでもわりあい起こったことかなあと。

毛利 日本の体質ですか。

馬場 僕はあまり「日本人論」というものは好きではなくて、「ドイツと日本は違っていて、やはりあちらは民主的だ」という文化論は行き詰まりというか、すぐ結局「じゃ日本人が変わらなくちゃ」という話になってしまうからあまり僕は評価していません。やは

馬場健一
（ばば・けんいち）
神戸大学教授

りドイツというのはまわりに同じような民主主義国が戦前からあって、その間の力関係もわりあいバランスがとれていた。フランスがあって、イギリスがあってというような中であったことで、戦後も分割されたりして日本とは状況が違います。

日本というのは戦前そこだけ突出しているようなところがあって、戦後もアメリカにすぐ全体的に取りこまれて歩いていくわけで、そういう国際関係だとか状況みたいなものが規定した部分が随分あったような気がします。だから日本人論というのはどうかなと思います。だからそういう関係で言えば、弁護士会だけは僕はちょっと違う歩みをしたのではないかという感じがします。

毛利　六〇年代後半に若い人が勝った。

●司法の冬の時代

馬場　*臨時司法制度調査会の評価をめぐって結局旧世代の力がなくなるのです。旧世代の長老支配みたいなものが、臨司の評価をめぐる動きの中でなくなっていく。結果的に最高裁とは対立関係に入っていって、「不幸な時代」とか言われるけれど、あれは同時に弁護士会の民主化の時代でもあった。

浅見　ちょうどそのとき、裁判所の中でも青法協裁判官部会（一九六三年頃）とか裁判官

臨時司法制度調査会（臨司）　一九六二（昭和三七）年、内閣に設けられた。司法制度の運営の適正を確保するために、法曹一元制度、裁判官・検察官の任用・報酬制度など基本的総合的な調査

懇話会（一九七一年）とかできて、最高裁の考えと違う人たちの若い世代の運動というのは広がりかけたのですけれど、自民党からの青法協攻撃とかいろいろ起きて、結局弁護士会のようにはならなかった。ところがドイツではやはりそういう人たちが主導権を握った面もあります。それはドイツの政治状況とか連邦制度であるとか、東に対するショーウィンドゥでなければいけないことなどが影響しているようです。彼らにとっては司法の民主化を否定できない社会なのです。日独でだいぶ状況が違ったのだろうと思いますが、三〇年の歴史の違いというのはものすごく重くて、分岐点でまったく違う方向に歩みだしたのですね。

毛利　それは七〇年ですか？

浅見　七〇年頃ですね。日本の*宮本再任拒否問題が起きるのがちょうど七一年ではないですか。ちょうどあの頃です。ドイツへ行くとヒゲをはやした裁判官とか、ジーパンをはいた裁判官とかがいます。聞いてみると「いや僕は学生運動していたから、労働裁判官になったんだ」とか、そういう人が普通にいるわけです。日本にはそういう状況はなくて、もしそういう経歴があると、なんらかの厳しい処遇を受けるとか、受けていると疑われる状況になっていたのではないかと思います。

毛利　ドイツと日本の分岐点はどこにあるのでしょうか？

審議にあたった。一九六四（昭和三九）年に最終報告書をまとめたが、その内容が法曹一元に消極的であったため、日弁連から批判された。

宮本再任拒否問題→司法の危機、青法協批判用語を参照。

浅見　日本とドイツとの国や社会のあり方の違いでもあるし、裁判所だけの違いでもあります。馬場さんの言われるまわりを取り巻く環境の違いもあるのだけれど、文化的なものも絶対否定はできないと思うのです。ありていに言えば、個人主義みたいなのがどれだけ社会に息づいているかというところ、最後はそこが一番違うところだと思うのです。

毛利　さっきのまわりに国があるという話もそうですが、権威がいつも隣の同じようなもので試されている状態なわけでしょう。国と国が隣にあって違う政治をしているとすれば、その政治はつねに両方から試されているわけです。日本はわりと権威というものが一つに向かって集中して敵対するものがない。もしくは法律のほかに神様がいない、法律を検証する神様がいないわけです。法律なら法律だけになって、突出してしまうわけですね。組織の中でもそうで、最高裁が突出してしまうわけでしょう。ライバルがあまりいなくて百姓一揆みたいなかたちでしか抵抗できない。

浅見　暴発みたいな感じです。異分子とか違う考え方をする人に対するアレルギーというのはドイツとか諸外国に比べて強いのかなという感じがします。

ドイツでは裁判官になる人もそうでない人もみんな小さい頃から違う人たちと暮らしているでしょう。旧植民地から来た人や食えなくて外国から来ている人と同じ地域や共同体で生活しています。自分だって食えなくなったらアメリカに移民して行ったりする。そういう中で違う人たちの主張があって、壁の向こうには同じ民族が違う体制と違う文化で国をつくっている。この日常感覚の違いは大きいのではないでしょうか。日本が単一民族国家かどうかは争いがありますけど、違う人の考えを認めるといってもそんなに長い伝統があるわけでもない。裁判官の中でも、理念的には違うものを認めるといっても、違う考え方する人に対してどういう態度をとるかというのは国や社会全体の文化的な影響を逃れられないと思うのです。だから青法協問題が起きた時でも、みんなどんな対応をしたかと当時の人に聞くと、「日本人だな」という感じが非常にします。

ある先輩裁判官は、青法協問題について議論していると、同僚裁判官からとにかく「嵐が過ぎるのを待つのだ」と言われたと述懐しておられました。

毛利 それは青法協ではない人ですか?

浅見 ない人が言うわけです。「今はとにかくつきあえないのだ」とか言って、青法協に参加していた裁判官の前から突然去って行く人たちとかもおられたようです。自分の立場も危うくなっている中で毅然とした態度はとれないとは思いますけれど、そうした話を聞くたびにやはり弱々しい文化というのを感じます。

毛利 憲法に守られているという意識は全然ないのですか?

馬場　憲法上は、裁判官の任期は一〇年。片一方でキャリア制ですよという本音みたいな運用がある。だから、いざとなったら切るぞというのが宮本さんの事件だったわけです。

毛利　一般の人から見れば、司法試験に合格して裁判官になっている。もし再任されなくても弁護士にはなれるわけでしょう。いくつも選択肢を持っているような状態に見えていると思いますね。

浅見　でも、裁判官だからこそ、あれでもまだ頑張れるんです。普通の社会だったら考えられないです。裁判官だからこそまだやれているのです。

いろんなごたごたがあっても、青法協裁判官部会もずいぶん会員が残ったわけです。八〇年代まで青法協裁判官部会が残ったし、青法協問題の時に発足した裁判官懇話会というのははじめは毎年、後に二年に一回になりますが開かれていきます。私は、こうした運動は「敗北の歴史」みたいなイメージをしばらく持っていたのです。今もそう思っている人は多いと思います。ただ、最近そういう渦中にあった人たちの書いたものを読んだり話を聞いたりすると、「頑張ってきたな」と感じることも多いのです。評価は分かれるにしても、今の裁判官制度改革につなげるような裁判官論を細々ながら維持してきたのは、裁判官懇話会だけだと思います。

馬場　給料の四号俸が三号俸になるならないとか、小さな話ではないかという気もするのだけれども、そういう組織の中でつねに順序づけられて他の世界との交流もなければ、視野が狭くなってしまって、まさにそういうところで自分が測られるということにものすごくプライドを傷つけられるようなある種環境ができていて、その中にいる人間を外の人間は笑うのはたやすいけれども、その中での苦労とかその中の感覚というのをやはりある種共感的に見るところが必要かなと。

浅見　報酬格差を生む*三号問題というのは、つらいですよ、ほんとに。僕なんか後から入った世代だからまだ直面しておらず、他人事のところがあるのですけれど、当事者の人にしたらほんとにつらそうですね。

馬場　裁判官だといわれている匿名作家の最近の小説（朔立木『お眠り私の魂』〈光文社〉）の中で、こうした環境の中で差別されることの恐怖は、もう気が狂いそうになるほどのことだとか書いてあったのですが、そこまで追いやるような可能性のある体制というか環境なんだろうなと一方では思いますね。

毛利　裁判官が孤独だからなのですかね。

浅見　閉鎖社会ゆえでしょうね。そこには、七一年の青法協問題以後もう暗黙の憲法みたいになっている「公正らしさ論」というのがあるわけです。基本的には僕ら任官の時も

三号問題　判事に対する昇給差別の問題のこと。判事・判事補の報酬は二〇段階である（判事八段階、判事補一二段階）。このうち判事補一二号から判事四号までは、同期生が同時期に昇給する。判事三号以上は定数に限りがあり、昇給時期に差が出る。時期は任官後二〇年を越えた頃で、判事四号と判事三号の差は月額約一七万円（二〇〇〇年一月現在）である。

そうでしたが、明言はしないけれど、とにかく「できるだけ外の人とは遠慮して」とか、「裁判官とか書記官を通じて世の中を学ぶ」、「それ以外のことはできるだけ消極的に」みたいな雰囲気があって、僕の知ってる裁判官なんか知合いの弁護士さんの事務所に用事があっても行かないわけです。友だち同士なのに、会うにしてもわざわざ喫茶店で会ったりするわけで、「公正らしさ論」が幅を利かせているために外部の人々とどんどん遠ざかってきたのがこの三〇年なのです。

組織の内部だけで育っているという性格が非常に強いので、三号問題とか、裁判長になれないとか、任地がずっと地方ばっかりだとか、見ていたら非常につらいだろうと思われる裁判官がおられますね、正直言って。

支部には支部なりに、最高裁以上の仕事があってやりがいがいっぱいあるわけです。それで泣き笑いする人もたくさんいて裁判に一生が賭かっている人もいるわけです。だけど同僚と比べたら自分だけが一人そんな目に遭っていると思ってしまうのです。みんな東京からたとえば富山行ったり新潟行ったら次東京戻っているのに、自分だけは富山の後は福井に行って、福井の後は支部に行ったりと、「なんでおれは違うのかな」とどうしても思うのですよね。そのことは非常にみんな心のダメージになる可能性が高いです。自分が違っても、そういう人を一人見ると萎縮効果は絶大です。

●《公正らしさ論》を問う

毛利　次に、昔の「公正らしさ論」を考えてみたいと思います。ここに『ジュリスト』(有斐閣)の四六九号(一九七一年一月一日号)があって、特集が「裁判」です。司法の冬が始まって「青法協けしからん」というのをどうするかということで編集された特集のようで、この雑誌全体がそれに貫かれています。

ここに「裁判と裁判官」という座談会があるのです。出席者は元司法研修所所長・鈴木忠一、東京地裁判事補・相良朋紀、東京地裁判事補・松浦繁、東京地裁判事・倉田卓次、東京地裁判事・松本時夫、東京大学教授・新堂幸司、東京大学教授・雄川一郎、司会が東京大学教授・平野龍一の八人です。

まず「裁判官任官希望者が少ない理由」というのを語っているのですが、元司法研修所所長・鈴木氏が、次のような発言をしています。

1　反体制ムードがまん延している。

2　「弁護士が収入高く自由で検察や裁判官は窮屈だという思いがあって、水は低きに流れる」という趣旨の発言をしているのです。弁護士を結構バカにしているのですね(笑)。

3　弁護士には競争がない。裁判官や検察官には一定のレベルが求められるのに弁護士には競争がなくて収入が良いのだと。簡単に弁護士になれるから裁判官に任官希望者がいないのだ。

4　東京中心主義。裁判官の転任を嫌う。

5　「裁判所は民主的ではない」という学生の考え、もしくは司法修習生の考えがある。「そんなことはないのだが」と鈴木氏は言っています。

6　「任官を妨害する修習生がいる」と言っています。「任官を希望した者に対して撤回しろといって修習生が働きかける」と発言しているのですが、たぶん青法協が念頭にあるのでしょう。

当時の空気を知る貴重な資料ですね。

さすが司法の冬の時代だなと思うのですが、違憲判決から青法協の話になっていくのです。ここで倉田氏が頑張るんです。倉田氏は「なにか話が決まって憲法判決の問題になってしまうようですが、実はそういう判断が必要なのは年間何十万件もの各種の事件の中でほんの数件

毛利甚八
（もうり・じんぱち）
フリーライター・司会

というに過ぎない」と言い、青法協の実態は知らないけれどもと断ってから「加入の可否は一応別にして、かりに入っていたとしたら、ああいう憲法問題について事件が来たときは、やはり事件を回避していくべきものではないだろうかと思う。裁判制度に国民が求めているものからいうと、初めから結論が出てしまっているような形の人が裁判するということはやはりいけないのではないだろうか」と語っています。

外からそう見えるのだから、いくら裁判官が独立して判断してもイデオロギーを持っているような団体に入っていると外からイデオロギーで判決しているように見えるから、違憲判決を書くような事件は避けなければいけない。これは裁判官が沈黙してきたこととつながっている議論ですね。いわば身を隠す、荒波から身を隠す態度の典型だと思います。

浅見　「公正らしさ論」というのとは明らかにつながっていると思います。

日本の裁判官というのはキャリア裁判官の中でも「日本的」キャリア裁判官なのです。世界のキャリア裁判官一般とまた違うところもあって、日本的な歴史的な概念だと思うのです。その特徴は、「閉ざされている」というのが一番です。社会的な経験もある意味で人格陶冶の場も閉ざされて裁判所内部だけにとどまっています。

僕ら裁判官研修とかで一番「学べ、学べ」と言われたのは小説ですよ。それだったらだれにも触れないからいいのです。小説と書記官、事務官。そういうものから学ぶ。実はそれが一番安全なのです。「君子危うきに近寄らず」のたとえどおりです。わからなくはないのですが、マイナスも大きいですね。この閉ざされている日本のキャリア裁判官の特徴の根っこにあるのが「公正らしさ」論なのです。やはり七〇年代の経験だと思うのです。これ以前は裁判所はそうでもなかったのです。普通の人と交流するとか。情報開示など。ちょうど青法協問題が起きたときにその変化がありました。論文にも書いたのですけれど、昔は、裁判所の裁判官の研修内容が裁判所時報とか裁判所の修習生の研修時報とかに出ていたのです。しかし、七一年にぱたっと出なくなったのです。

馬場　僕は法律家の知恵というか、賢慮というものの価値を重視する立場で、社会が裁判官をそういう価値の担い手として見る必要があると考えています。すなわちこれは、外である裁判官がどんなに跳ね上がったことを言っていても、別に青法協であろうが共産党支持であろうが、好き勝手なことを言っていようが、その裁判官が法廷の中で出す判決、判断とは別ですよということを人々が受け入れる必要があるということで、それが社会の成熟だと思うのです。

倉田さんはそれが本来あるべき姿だけれども、今の日本社会を見ているとそうなってないから、やむをえず「青法協は困るのだ」ということを議論しているわけです。

僕はそこに非常に当時の限界というか時代状況を感じるところがあって、だからこそ三〇年経った今は、裁判官は外では自由なことを言う、しかしそれは法廷の中や判決にストレートに出てくるものではない。たとえ関連の事件でも、露骨に忌避の要件にかかるような問題はともかくしても、外でいろいろな発言していても、判決の中では法の論理なり何なりをちゃんと納得のいくかたちで枠組みにしたがって出す。そしてそれを世の中の人が違憲判決であろうが判決として受け入れる。そういう望ましい状況を作るべきだし、現にそこに向かいつつあると僕は思うのです。裁判官の市民的自由は社会の成熟のバロメータでもあると思う。

浅見　そういう感覚に徐々になってきているんではないかという漠然としたものがあります。昔は倉田さんのような考えは普通だったと思います。「体制側か反体制か」そういう言葉がたびたび出てくるでしょう。どっちの立場に立つのかと。今の言葉でいうと、「どっちの立場で旗を振るのか、旗を立てろ」と。AなのかBなのか体制なのか。そういうことが毎日問われているような社会でした。だから外でたとえばそういう反体制的な言動をしたり集会へ行ったりすれば、もうそいつはそういう人間で、というレッテルが貼られることになります。

馬場　何を言おうが、法廷でどんな弁論があろうが、結論は決まっているのだという雰囲気があった。ただそういう時代状況には、もうひとまわり不幸な構図があったことを考えなくてはいけない。それは憲法を守るという主張が特定の政治的立場と必然的に結びついてしまったことです。「私は憲法を守る」と言い、「法と憲法にしたがって」判断を下すのは裁判官の当然の、少なくとも近代社会の一般論では当たり前のことですね。だから「青法協という法律家集団が憲法を守ると主張するのは当たり前のことじゃないか」と言われることがあるけれども、政権政党が憲法を変えると言っていて、護憲政党というのはだいたい革新で、そういう政治的な構図の中に自動的にはめこまれてしまうような言論の布置というか構図みたいなのがあった。戦後の五五年体制の不幸みたいなもので、それはもうだれがどう言ったってやはり「色づけられる」という、そのどうしようもない不幸みたいなものを感じるのです。ここでは法の論理が政治的な議論なり構図というものと一緒になっているわけです。それが法的な価値であると同時に戦後の中では特定の政治立場というものと非常に近い言論の構造になっていて、それはイコール反体制になってしまうわけです。憲法を守るというのは本来体制的な主張のはずなのに、それが反体制になるという「ねじれ」みたいなものがあって、それは個人の良心やらいろいろな人の思いを吹き飛ばすような非常に乱暴な構図だった。

そういう中でいろいろな人たちの生き方みたいなものが強引に色分けされていくとい

う構造、メカニズムがある。だから僕もその中にいたら絶対どういうふうにか色分けされたり糾弾されたり、もしくは左遷されたり、どんなに理屈で法的な価値とか裁判官の義務とか理屈をたてたところで、結局はそういう政治の大きな流れの中で流されざるをえないという実存的な状況を感じるのです。

ものすごく大きな歴史の流れの中で、いろいろ苦しんだりしている人たちの姿を見ると、「だれが良かった悪かった」と論じること自体が非常に傍観者的で無力だと、歴史の力学というのはそういうものかなというふうにも思います。

●和解の道はあるのか

浅見　そういう過去のことを今どういうふうに総括して次につなげるか。二つの価値の対立、憲法擁護なのかそうではないのかと、体制なのか反体制なのかと叫ばれた時代のことをどういうふうに総括するのかはなかなか難しい問題です。

裁判官の中でも青法協問題に積極的に関与した人たちを一方的に批判して済むかというと、私自身はあまりそういう気持ちにはなれないのです。そんなことをすると、よけいに溝を深くしたり、それこそ後の世に生まれた人間から前の世代の人間を批判しているみたいなところがあってあまりしたくないです。

馬場　元最高裁長官の*矢口洪一さんと青法協の方々とが*和解したという記事を書いたことを批判されましたね。「何を言っているのだ」と。「当時のことも知らずに、おれたちの立場もわからずに」と。

浅見　だけど僕は、司法の傷をなんとか癒したいなと思って書いたのです。なんとか和解してほしいなというのが一番の思いなのです。

馬場　矢口さんの今の位置づけというのはおもしろいです。こういう時代になって、ストレートに「あの当時のことは間違っていた」とはよう言わないけれども、それを行動でというか、言葉の端々に匂わせるようなところがある。あちこち出かけていったりマスコミのインタビューに答えたりして、判事補制度の廃止とか、陪審導入とか、最高裁が一番嫌がる改革を提唱して回っているわけですから。

毛利　矢口さんはすごくシンボリックな人ですね。反体制というか、全司法労働組合などで活動している人は彼を憎んでいるでしょう。

浅見　憎んでいます。反体制以外の人も憎んでいます。締めつけたでしょう。

毛利　七〇年の頃に人事局長で、そのあと東京家裁の所長になって、八〇年代に調査官の実務を変えているのですね。

浅見　事務総長になって最高裁判事、最高裁長官にもなって、戦後の司法行政の一番中

矢口洪一（やぐち・こういち）判事　最高裁事務総局の民事・行政局長、人事局長、事務総長など一貫して裁判所の司法官僚コースを歩んできた裁判官。一九八五～一九九〇年最高裁長官を務める。『司法の官僚統制を仕上げた長官といわれるが、最近は、法曹一元、国民の司法参加に積極的な発言が目立つ。

和解したという記事　一九九九年一二月一五日付朝日新聞の「論壇」に掲載された「司法界の冷戦雪解けの時」と題する浅見判事の論稿。矢口洪一氏が裁判官懇話会に出席し講演したことから、青法協問題に始まる司法の対立構造の解消を訴えた。

枢をずっと歩んだ人です。今最高裁の中枢にいる人たちはみんな矢口さんの系列という感じもないわけではないです。

馬場　矢口さんが辞めて、ああいうことを言い出すようになってから、今の最高裁の人たちは、「われ存ぜず」でやっているわけです。他方最高裁の対極にある弁護士会の反主流派だとか学者の中でも民主主義法学とかいう人たちは、今でも当時の議論の構図の中にいます。昔は、この二つがガーンとぶつかるようなかたちでやっていたのが、現在それほどでもなくなってきた。しかし、過去のことだからと総括できる状況ではまだない。

そういう中で矢口さんのような人が出てくるかと思えば、Jネット（日本裁判官ネットワーク）が出てきて力が抜けてきている。法と政治というものが一体化していた状況から時間が経って安定してきた中で、市民社会的な言論をつむぎ出す雰囲気がわりあい出てきた。そこに「希望があるな」という感じがするのです。

浅見　ある意味で幸せな時代になったのは確かです。日本裁判官ネットワークで一番最初に掲げたのは「反最高裁ではない」ということです。「対立ではなくて協力とか競争を理念とする」ということをみんなで確認しあって、それで日本裁判官ネットワークをつくったのです。

毛利　七一年から九〇年代中盤ぐらいまでの二十数年をどう見ますか？　裁判所の中は沈黙していたのでしょうか？

浅見　失われた二五年(笑)。やはり堅くなった時代でしょうね。二十数年間。閉ざした時代。

馬場　それは外から攻撃されたからですね。自民党というか、保守筋から来たものだからそれに対する防衛で切る。

浅見　今連想しましたけれども、昔、薩摩の「寺田屋事件」というのがあったでしょう。あれとちょっと似た構図ですね。寺田屋事件というのは、薩摩が自藩の過激派の武士で倒幕を企てた有馬新七らを殺した事件です。薩摩も身を守る立場があってそういう行動をとらざるをえなかったところがあるのです。

「最高裁は自己防衛としてやむをえなかった」という意見もあるのです。最近わりとそういう風潮があって、ジャーナリストの人もそういう見方をしますね。何回か読みました。やはり「攻撃されたら司法を守れない」というのがあって、理論的な裏づけとしては「公正らしさ論」、それを裁判官会議かなんかで決めて、それでずっと殻を閉じていくというか、シャッターを下ろしていく歴史です。それが裁判所だけでなく裁判官そのものも閉じていくということ、それが日本的キャリア裁判官を生んでいったのではないかなという気がします。

馬場　そこにはいくつか論点があって、そういう判断で良かったのか、つまり情勢を見ても世論の反応という点からも今それをやるのが一番いいのだという政策的判断があったからそういう行動に出たわけだけど、本当にそれが良かったのかというのが一つ。それから本当に外部にだけ責任があるのかと。内側でも「ああいう判決はとんでもない」とか、「あるべき裁判所、裁判官の姿じゃない」と主体的に弾圧した部分が絶対あるはずだから、そこの責任を曖昧にしてはいけないですね。

司法制度改革のうねりの中で変わりゆく裁判官

●日本的キャリア裁判官とは何か

浅見　まず日本のキャリア裁判官の特徴について指摘してみようと思います。本質的には「職人的裁判官が日本の裁判官」だとずっと感じています。市民性はないけれど政治性もない。大工さんみたいな存在です。それが先ほどの事務屋さんみたいなイメージとつながると思うのです。日常のこまごまとしたことを整理して手作業でやっていく、これが毎日やっている裁判官の本質です。当事者経験がなくて一生裁判官で過ごす。常識とか市民感覚の問題が言われるのですけれども、逆に言うと権力的でもなく職人的でこつこつ仕事をする人たちです。このキャリア裁判官というのは世界にいるわけです。ドイツにもフランスにもいる。でも日本のキャリア裁判官がこれらの国の裁判官と異なるのは、やはり日本には「司法の冬」という特別な体験があるからでしょう。その中でつくられた「公正らしさ論」に極度にとらわれた裁判官で、閉ざされた存在であるというのが日本のキャリア裁判官のように思います。その中で職人的裁判官というのは弱さであり、強みでもありました。弱さというのは職人的裁判官だから自分の仕事だけにのめりこんでいく面です。司法行政から逃避していく。市民と隔絶していく。他の部からも隔絶していく。自分の事件だけというふうな小さく小さく閉ざされていく裁判官につながっていく面があったと思います。

裁判官懇話会とかが「司法の冬」の時代の冷戦構造の下で守ろうとしたのは、この職人的裁判官像です。内心まで侵されてはいけない、職人であることは最低限守ろうということで、裁判官懇話会が言ったのは「実務路線」「実務を守ろう」です。

実務の中で職人的な裁判官として良心的な仕事をしようと、二十数年間言い続けてきたわけです。だから職人的裁判官は弱さでもあったが、守るべき対象でもあったし、ある意味で強さでもあったわけです。

今これが問われています。職人であっても、やはり「官僚」裁判官ですから、この点が問われています。ところが裁判官の側からすると、「突然」問われたという印象が非常に強いと思います。一九九九年、二年前に司法制度改革審議会ができて、*法曹一元論が本格的に議論され始めました。弁護士会でも『自由と正義』などに法曹一元論が華々しく出始めたのは今から一、二年前です。それまでも散発的にはありましたけれど、弁護士会あげて議論したり、市民の中で議論しようという動きが出てきたのは本当に最近です。だから、「突然」という印象を裁判官も持つのです。

もっとも、歴史的に言うと、弁護士会としては三度目の正直だったと思います。戦後裁判所を作る時、戦後の司法改革の時に、実は法曹一元というのはかなり言われたのです。例の裁判所法もそういう理念をわりと下敷きにして作っているところがあると思います。それが一九四〇年代半ばからの戦後の司法が作り上げられた時期で、もう一回は臨司のときです。その後臨司の評価をめぐって法曹一元というのが封印されたようなかたちになって、三〇年後にまた出てきたというのが三度目の正直の今回ではないかと思います。

裁判官の中で、今臨司の時のことを知っている人はかなり少数です。ずっとキャリア裁判官としてわりと凪いだ状態で、つまり裁判官論についてほとんど波風立たない状態

法曹一元論　法曹一元制度を積極的に進めようとする論。法曹一元制度とは主として、裁判官以外の法曹専門職に従事して社会的に経験を積んだ者から裁判官を登用する制度。英米における制度を模範とした。これに対比されるのは、キャリア(官僚裁判官)制度である。弁護士会は戦前から司法の民主化の方策として法曹一元を提唱している。

の中でずっときた人が多数派です。そんな中で、正直言って裁判所に息苦しさを感じて辞めていく人も時々いました。法曹一元は夢物語だと考え、辞めていった人もいます。

では裁判官像の変化は今までまったくなかったのかというと、見方によってはそうでもありません。とくに、ここ一〇年間に変化がないわけではなかったと思います。これはひとつは弁論兼和解とか新民事訴訟法ということで、柔軟な手続を使い、フランクな雰囲気の中で争点整理というのを中心にやりだしたことと関係しています。僕が任官した頃と比べると、実務改革の中で裁判官はよくしゃべるようになった。これは確かなことであり、実務面とはいえ、裁判官像の変化として指摘できます。

マイナーな話ですけれど一九八八年に『民事訴訟のプラクティスに関する研究』という本が裁判所の中で書かれて(司法研究報告)、この頃から口頭でさまざまな審理をしながら争点整理をしていく方法論が打ち出されました。それ以降、裁判官はよくしゃべるようになりました。昔は法廷ではしゃべらない。それこそ神様仏様というような裁判官像が世間でも裁判所の法廷でもそうだったのですけれど、ちょっと人間的存在になってきたのではないかと思います。

それから共働方式。これもマイナーな話ですけれど、チームワークがとれる裁判官を組織としてものすごく強調しだしたのが九〇年代です。つまり自分一人で仕事するのではなくて書記官、事務官らと協力して事務配分しながら、「ミーティング」でおしゃべりしながら仕事をするようになった。どこかのＱＣ運動みたいです。

毛利　東京地裁の民事部の園尾隆司さん（本書一〇二～一一四頁）がその流れですね。

浅見　これは日本中にどんどん広まってきています。これは裁判官にとってはプラスです。外だけでなく裁判所の中でも小さく閉じこもっていた、弁護士に対しても何も言わない、書記官や事務官にも何も言わない、という伝統的な姿よりは、いろんな人とコミュニケーションをとって共働で何かをやっていくことは非常にいいことなので、僕はとても評価しているのです。その中で一定の変化があったのですが、では対世間に対して変化があったかというとなかなかそこまでいかなかった。そのために問われたのが今回の法曹一元論ではないかと思います。

そこでは常識論とか当事者体験が問われました。一方、裁判所の擁護論としては、ちょうど二年前（一九九九年）に最高裁が司法制度改革審議会に出した「二一世紀の司法制度を考える――司法制度改革に関する裁判所の基本的な考え方」があります。この中では、等質性とか統一性が日本の裁判所の特徴だと言いきりました。まさにこれが、今の裁判所の考え方を示しているように思われます。「我が国の司法の現状と問題点」の項では、キャリア裁判官にまったく触れておらず、「改革の在り方とその方向性」の項では、法曹一元論に敵意さえ感じさせられます。キャリア裁判官を正当化した文章に僕は感じました。しかもその背景にはやっかいな日本文化論があるわけです。

毛利 これは、「地方によって、違う裁判所でばらばらの判決が出たら困るでしょう」という話ですね。

浅見 日本は均質性な裁判を保証してきた。それが日本の誇りなのだということが書かれています。それが小さな司法をつくったという面もあるのですけれど、マイナス面は捨象して、プラス面を強調する擁護論が言われて、外に対してはなかなか変われてないというのが今のキャリア裁判官じゃないかなと思います。

ただ、日本裁判官ネットワークの活動も影響があるのですが、去年(二〇〇〇年)の五月に最高裁の長官が「裁判所も発信しなくてはいけない」ということで、外に対して開いていこうというのを打ち出して、今、東京地裁だけでなく大阪でも「出前裁判官」というか、出前講座をやっているのです。

馬場 東京地裁が一般人向けのイベント打って、そこで裁判官二人が苦労して漫才をやっていて、見た人は「全然おもしろくなかったけれど、裁判官が一生懸命やっているからしょうがないから笑ってやった」とか。

浅見 それでも僕は進歩だと思います。講演を頼まれても、かつては送らなかったのです。しかし、キャリア裁判官のマイナス面だけが強調されることが多いけれど、そればかりではなくプラスもあると裁判所が証明しようとしています。もっと発信して理解してもらわなければいけないということで、東京と大阪では出すようにしています。裁判官は慣れていないから戸惑うわけです。たぶん行きたくないと思う人のほうが多い。でも行かざるをえないとすれば、それはそれでプラスだと思います。ささやかながら、しかしじんわりと効いてくる漢方薬のようです。市民は「もっと送ってくれ、送ってくれ」と言って、市民講座、敬老会、子ども会に裁判官をどんどん招いてほしいと思います。

馬場　法曹一元が突然出てきたといわれるのはわからないではないのです。たしかに「一〇年ぐらい棚上げになってました」と司法改革を担っている弁護士たち自身が言っている。長い間法曹一元について細かい議論はやってこなかったから、とくに若手の弁護士の中にはこの言葉の意味もわからない人もいるという話は聞きました。

ただ、法曹一元論というのは司法官僚制批判の裏返しなのです。その意味で言えばこれはずっとやってきたようなところがあって、臨司が六二年に始まって、六四年にその結論が出て法曹一元が棚上げされる。その問題の総括で弁護士会が何年かもめる。そうこうするうちに六〇年代後半に入って、さらに司法の冬の時代が来る。そういう流れの中で司法官僚批判というのが七〇年代以後の基調になっていくわけです。しかしこの時期弁護士会は、公害とか消費者問題などの新しい問題に関わっていくほうにエネルギーをとられるのです。司法官僚制批判はするが、批判しても事態は動かない。他方、法曹一元はもう臨司で葬られたから言ってもしょうがない、という感じで七〇年代は過ぎる。そして次の八〇年代は一番失われた一〇年かなという感じがする。ただ次の九〇年代に入ると弁護士の中坊公平さんが活発に動くことでちょっと転機があった。

だから弁護士会には基調として、「司法官僚制をどうするのだ」という問いに対して、「法曹一元で解決だ」という非常に単純な図式はあったわけです。ところが数年前から法曹一元導入がにわかに現実問題になった。となると弁護士は実際に対応できるのか、給源に検察官を含めてはなぜいけないのか、弁護士が民主的で裁判官は非常識などという議論をしていて本当によいのか、等々を具体的かつ現実的に論じざるをえなくなった。そこに今回の議論の深まりがある。

●司法制度改革は呉越同舟か

毛利　もともと司法改革は経済界の要請があったわけですね。社会が変わってきているので裁判の効率を良くして裁判所をきちっとしなければという財界の考えと、司法の冬以来続いている裁判官の不自由さを克服したいという考えが今は一緒に語られています。

ところが司法改革が現実化するにつれて、違う荷物が落ちるのではないかという心配が僕の中に怯えとしてあるのです。今は着地点が見えないから、いろいろな問題を一緒に論じても許されている感じがあるけれど、最後の着地点に行くと日本裁判官ネットワークの言っている論点は外される、ということはないのでしょうか?

馬場　それは呉越同舟というか、本来相容れないもの同士がとりあえず手を結んでいるという議論だけれど、僕はそうではないと思います。視点が違って見方が違って要求するものが違うかもしれませんが、財界が「もっと裁判をうまくやってくれよ」と言うのと、日弁連が別の方向で言うのと、市民が何か言うのと、方向が違っているだけで、「財界は本当は日弁連つぶしだ」とか「人権保障をないがしろにし司法を最終的には自分たちの手先にすることをねらっている」などという議論はもういいかげんにしてくれと思います。

毛利　そう思ってるのではなくて、目的が最初それで始まったのに、昔からあった、伏流のようにあった裁判官人事の問題とかいろいろなものが一緒に波に乗って改革の中に混ぜられているでしょう。だけれども、最後には最高裁が強引にそれを取り除くことだってないのかなという気持ちがあるのです。

馬場　最高裁にそんな力があるかな。

浅見　心配は的外れではないとは思うのです。ただ、司法改革がこの二年ぐらいごった煮のようにいろんな潮流が一緒になって手を合わせてやってきた面もあるのです。それは無理矢理ではなくて必然だったような感じもするわけです。一方で弁護士会や市民が人権保障とか裁判に常識を求めて司法改革を言い、もう一方で経済界のほうが「もっと大きな司法を作ってくれ」と言う。双方、裁判とか司法の役割を充実して大きくしてほしいというのは共通しているわけです。それだからこそ手を結べてやってきたわけです。その中で、法の支配とか法律の役割が大きくなるような社会の中で裁判官はどうあるべきかというのは連続している議論なのです。たしかに日本裁判官ネットワークが横から裁判官論を投げかけて、ごった煮のように入れたという面はないわけじゃないけれど、混ざらないのかというと十分混ざる話なのです。大きな司法の社会の中では裁判官はもっと市民的基盤を大きくしないといけない。そうじゃないと自信を持って違憲審査権など行使できない。歴史的な経験からするとそうなので、裁判官の市民性とか人事を締めつけすぎるのはおかしいというのは大きな司法の中で語るには十分ミックスする話なのです。心配されるような「上だけかすめ取る」というようなことは必然ではないと思うのです。むしろ十分ミックスして、発酵させてやるのが大事です。それをきちんとやらないと、さっき出た評価制度のように変な管理で締めつけるようなことになりかねない。裁判制度はどうあるべきなのか、大きな司法になって裁判官の評価はどうあるべきなのかというところをやらないといけない。どうやったらうまくいくか、ミックスさせられるかということを進めたほうがいいかと思っています。

馬場　浅見さんらしい前向きな考えですね。日本裁判官ネットワークにオリックス社長（当時）の宮内義彦氏に上手に関わってもらったのも浅見さんのそういう考えと手腕ですね。

浅見　それは褒めすぎです。そんな手腕はありません。僕は宮内さんと接してみて、とても大人だし大物だと思いました。経済合理性を持って発言はされているのだけれど、それだけではない何か先を見通しておられるところがあると思いました。その辺が司法改革に積極的に関与された大物ぶりではないかと思います。行政改革会議の規制緩和小委員会で司法を繰り返し取り上げられたのも、宮内さんならではです。こうした先を見た大物ぶりというのは、実は矢口さんにも感じます。矢口さんも先が見えているし、自分がやってきたことの反省もあって、彼は裁判官懇話会にも来たわけです。矢口さんから見ると、裁判官懇話会はかつての「不倶戴天の敵」かもしれませんが、そんなことはお構いなしです。こうした芸当は、そんなに多くの人ができるものではありません。

馬場　今回の司法改革は役者が揃っていますね。運動家vs体制派という感じだけでなくて、大物があちこちにいる。

浅見　こんな言い方をすると怒られるかもしれませんが、大事なところに大物がいないんです。日本裁判官ネットワークの会員の裁判官が「隼町に変人を」という原稿を書いているんですが（『裁判官だってしゃべりたい』〔日本評論社〕）変人がいない、超大物が出てこない。まさにそれが日本のキャリア裁判官制度の象徴のように思います。お世辞ではなく、最高裁には本当に賢い人が多いと思いますし、誠実な人も多いのです。ただ、社会全体の変化も含めて先の先まで読んでいる人がいるのかな、いても今までの組織や伝統にとらわれて身動きが十分できないという感じがするのです。先の先まで読むと、ある程度血を流しても、今大幅な手術をすべき時代だと思うのです。いろいろ聞くと一人二人はそうしたことを考えておられる人がおられるようですけれど、力が出せないでいるようです。

馬場　本当の大物が出てほしい。今はやり方が姑息ですね、学者や退官者を使って代理で発言させたり、判事補に発言させたり。裏で糸を引いているのは最高裁か司法研修所の誰かでしょうが、自分は責任をとらないわけです。とらないで書かせる。外の人を使うときはお金を使ってはいないけれど、内部の人間を使うときはお金を使っているわけです。つまり留学させて「法科大学院だとこんなに金がかかる」とか「アメリカの陪審はこんなにたいへんだ」とか、「ドイツでは法曹一元にしろという声なんかまったくない。裁判官はキャリアでいいという声のほうが満ち満ちている」とかいう論文を連載で、とくに若い裁判官に山のように書かせるわけです。あれは公金でやっているわけで、犯罪的だと思います。

毛利 そうやって中心（最高裁）から発信していないように見せかけているわけですね。

浅見 その原因をさかのぼると最後はキャリア裁判官に行き着くところがあります。学生の時には憲法の理念を学び、どちらかというと特定の組織からフリーでいたいと法曹の道に進んだ人が裁判官にも多いと思うのです。しかし、裁判官としてキャリアに組み込まれていくと、やはりキャリアの特質が徐々に身についていきます。しかもそれが一〇年、二〇年経ったら本当に身にしみてキャリア裁判官になるわけです。たとえば、臨司より少し前の一九六一（昭和三六）年に『法律時報』（三三巻一号）で「裁判官の希望と意見」ということで、裁判官に待遇・地位、司法行政、裁判機構、立法その他についてアンケートをとり、調査分析したことがありますが、裁判官の任命資格（弁護士経験者、検事経験者に限るかなど）、陪審審制度等についての回答は、今回の司法制度改革審議会への裁判官の対応とたいへん似通っていると思います。消極意見がきわめて多いのです。だからキャリア制度というのは必然的にそういう考えを持つ人間をつくっていくのだなと思います。知らず知らずのうちに、キャリアを守りたい、判事補制度を守りたいという人をつくるわけです。自然と言えば自然ですが。

●日本裁判官ネットワークの発足で変わったこと

毛利　そこで日本裁判官ネットワークの話に移っていきましょうか。その立ち上げのあたりからぜひ聞きたいです。

浅見　日本裁判官ネットワークの前身となるコート21という組織をつくったのは九年前になります。これは日本の裁判官がやはりどこか閉鎖的で袋小路だということで、今、日本裁判官ネットワークに参加されている何人かと一緒にドイツとか旅行して向こうの裁判官と交流したことがきっかけでした。交流の中で「とんでもない裁判官が世界にはいるのだ」というのを実感しました。僕個人が一番「すごい裁判官がいるな」と思ったのはヴァッサーマンというドイツの裁判官です。この人はとても理論家ですが、難しいことを優しく書いて新聞に投稿しまくるわけです。しかも新聞を開いた時の両面が全部彼の署名記事で埋まるほどの量です。「ドイツの司法はどうあるべきか」というのを毎日書き続けていました。それが本になっていました。それでもドイツでは彼はエリートなのです。

言葉はきついかもしれませんが、日本の「縮こまった」裁判官の対照物を見せてもらったような思いがあって、とてもショックでした。世界にはいろんな裁判官がいるなと思いました。ヒゲをはやして労働組合をやっている裁判官が労働裁判所にいたり、目の見えない裁判官がいたり。一方で権威的な裁判官やごく普通の裁判官もおられました。一言で言うととても多彩で豊かな感じがしました。考えや生き方、行動原理、雰囲気等いろいろ異なるタイプの裁判官が裁判所をつくっていて、それでも裁判所や社会、国としてまとまりをもっているわけです。連盟や組合の裁判官も所長ととくに対立する雰囲気でもなく、なごやかに話していました。

そういうのはいいなと僕は思い、そういうことができないかなと他の裁判官とコート21という研究会を作りました。いろんな裁判官がいるためにはドイツであるような団体をつくらなくてはいけない。一人だと孤立してしまうのでということで、団体結成に向けてずっと研究してきたわけです。

一番大事だったのは、よその人たちと交流したことです。オリックス社長の宮内さんは最後の交流会に来てもらったのです。その前に経済同友会が発表した提言書について中心にいた副幹事の日本タイムワーナーの社長（当時）さんの秋本穣さん、死刑廃止運動をしているアムネスティの人たち、「市民が裁判所を見てみよう」という裁判ウォッチング運動をやっている人、学者さんや弁護士さん等々、多方面の方々に来てもらいました。そうやって「どういう団体をつくったら日本に根づくか」ということを七年間かけてやったのですが、なかなか結論が出ませんでした。最後は「もういいかげんつくらないとみんな飽きる。なんとかしよう」と決意したのが、ちょうど司法制度改革審議会の設置時期と重なっていたのです。まったくの僥倖と言いますか。

毛利　偶然なのですか。内部的に熟していたのですね。

浅見　熟していたというか落ちかけていたのです。メンバーの一人は「今作らなかったら庭いじりに入る、歳だから」と言っていました(笑)。

毛利　コート21、そして日本裁判官ネットワークと立ち上げる時には緊張感はなかったですか?

浅見　もちろんありました。あるメンバー裁判官は、裁判官人生の岐路だと考え、田舎に帰って何日間か山に登ってどうするか考えたようです。ただ、今回の司法改革が従前と決定的に違うのは経済界が言い出したという、ある意味での安心感があったことが勇気につながりました。これは社会全体の動きになる可能性があると思ったのです。そうなったら裁判所と弁護士会だけの話では終わらないのです。青法協とか裁判官懇話会ののように、攻撃とかをされる可能性はもちろんあるとは思いました。でも今回は市民など外につながり、根拠を持とうとしました。そうしなければたぶん立っていられないだろうと考えたからです。当時一〇名しかいなかったコート21は、官僚裁判官の運動だけをしていたら潰れていたと思います。経済界やアムネスティとかを随分と研究して、そういういろんな人たちと交流して、その人たちに支えてもらうというかたちにすればなんとか立つのではないかという感じだったのです。

日本裁判官ネットワークの立上げは一九九九(平成一一)年九月一八日でした。裁判所内の広がりはなかなか難しいと当初から思っていたのですけれど、世間に支持してもらえばなんとかなるという思いがありました。そのため、外に対してできるだけ開かれたものにしたいということ、それから基本的に過去の裁判官の運動に学ぶことが必要なので、最高裁と敵対関係、つまりもろに図式的に二極対立になるような関係には絶対にせず、基本的には協力、競争でいくことにしました。ときに最高裁のやることに賛成することも必要だし、対案を出すということも大事だけれども、憎しみ合うというものにしてはいけないということで協力、競争ということにしたのです。しかも個人加盟で拘束力は何もない。会費を払う義務だけはあるのですが、そのほかはなんにもないのです。

今年、初めて最高裁に全員一致で要望書を出しました。「人事評価の研究会の資料を公開してください」と。

全員一致でないと外に向かって「これが私たちの意思です」とやらないようにしています。だから日本裁判官ネットワークの意思表示として全員一致でやったのは設立後二年余りの期間でまだ一回だけです。なかなかできないのです。日頃はバラバラだし、みんな好き放題やってお互い干渉せずに活動しています。ただ、もう一方でメーリングリストを使って情報を交換しているので、ある程度の情報はみんなに入っています。

設立後も、裁判所の中では多数の支持というのはなかなか難しい状況だと思います。正直言って反発を感じている人も少なくないし、憎んでいる人もおられるようです。支持者ももちろんおられますが……。反発の一番の原因は、キャリア裁判官の自己改革というのをかなりベースにしている日本裁判官ネットワークの姿勢ではないかと思います。とくに、規約の中に「開かれた裁判所と司法機能の充実強化」の二つを目的として挙げていますが、開かれた裁判所というのは裁判所が開かれてることと、裁判官が開かれていることを意味し、これがキャリア裁判官の自己改革の主張につながる規約上の根拠になっています。この自己改革の主張が一番鼻について、誇りが傷つけられているというところがあるのではないかなと思います。司法機能の充実強化は実務をもっと良くして機能を大きくしていこうというものです。これは最高裁と路線は一緒なのです。

日常活動の中では、宮内さん、中坊さん、アムネスティの人等いろいろ交流して非常に学ぶことが多かったなと思いますね。裁判官だけの生活をしていたら絶対学べないことをいっぱい教えてくれるわけです。知合いも多くなるし、世間で、どういう人たちが何を考えているかということもよくわかりました。

馬場　最高裁がもう一皮どころか二皮、三皮むけて日本裁判官ネットワークを取り込むくらいにならないとダメですね。そうするとがらっと変わりますよ。日弁連も九〇年の司法改革宣言というのを出して、ここで「われわれも悪いところは直そう」と言ったのです。それに反主流が怒って、それが今でもグズグズ尾を引いているところがある。しかし自己改革を言わない組織や個人の主張はどこかウソくさいのです。

浅見　そういう意味で、最高裁なりの司法改革宣言を本当は出してほしいのです。積極的に。今回の司法制度改革審議会でも、最高裁は最初はキャリア裁判官制度維持で凝り固まったわけです。だんだんそれが変化して、最終的には、裁判官の人事評価は裁判官の意見を聞いて何とかする、任命諮問委員会もつくる、*裁判員制度も入れるというようになってきました。けれど、自己改革でやろうと言ったわけではなくて、審議会の意見や世論に押されたからしょうがなくやらざるをえないというところがあるわけです。そこが底の浅いところで、ときどき本音が出るわけです。裁判官の中にも今回の審議会

裁判員制度　司法制度改革審議会の最終意見書で国民の司法参加の制度として提唱された制度。刑事裁判において、国民が裁判官と協同

の意見書を骨抜きにしたいと露骨に言う人もいます。最高裁も本音のところでどうなのかと思うこともあります。

落ち着いていて、底が深く、本音として裁判所を変えようという流れが大きくなるためには宣言的なものが必要です。最高裁にはぜひ検討してほしいと思います。

そして、もう一つ重要なのは、青法協問題を解決することです。何度も繰り返しますが、最高裁は青法協と話し合って和解をしてほしいと思うのです。

毛利　これから司法改革が年々ある中で、日本裁判官ネットワークはどういう位置でやっていくのですか？　ある意味では脇で自分たちの活動をやっていくということなのですか？

浅見　位置づけとして一番大事なのは裁判官制度の改革と裁判員制度です。ほかの制度改革は自然に動いていくと思うのです。それは最高裁も熱心だし、審議会の意見書とそう不一致があるわけでもないので自然に動いていくところがあると思います。刑事裁判の改革はいろいろ激突があると思うのですけれども。

毛利　刑事が一番難しいですか。

浅見　意見の対立が激しいですからね。あと本当に重要なのは「人の改革」です。それこそ法科大学院や大学との関係があるので、僕らだけではできないところがあると思いま

して事実の認定と量刑を判断する。

す。その中では、裁判官制度の改革を僕らがもっとも発言したり取り組んだりすべきだと思うのです。裁判官制度の改革は実は真剣に取り組む人が非常に少ない分野です。今回、最高裁が人事評価について意見を求めるということで「メールで出してくれ」と言ったのですけれど、この前新聞に出ていましたが今のところ出ているのは六件らしいです。裁判官は三〇〇〇人いますけれど。どれだけ増えるか心許ないのが正直なところです。

現在、裁判所では、各庁の裁判官を高裁に集めて各地で意見交換会をやっていますが、そこで意見を言っている人もいます。重要な問題なのですが、難しくかつデリケートでもあり、忙しい中でまとまってきちんと取り組んで制度設計までされておられる裁判官は非常に少ないと思うのです。だからこそ、そういうまとまったものを日本裁判官ネットワークとして深めて発言して、最高裁にも届けて「制度設計に生かしてください」と取り組む必要があります。この制度化は、裁判所法の描く裁判官像の修正をもたらしますから、最終的には最高裁規則ではなく、立法でしなければいけないことと思います。国会のほうでも取り組んでほしいと思います。

もう一つは裁判員制度です。これは日本のために育てなければいけないことと思うのです。二〇〇一年九月に裁判員を入れた模擬裁判を行いました。実際に本当にできるのかどうか、やるとしたらどんなことが大事なのかとか、考えながら企画しました。弁護士だけでは不十分なので、今後各地の企画では裁判官も模擬裁判に出て評議をしたいものです。たとえば裁判員の数ですが、多くの人は六人とか九人、わりと多く考えているのですが、実務家からは「それはできない」という意見が出やすいわけです。「多すぎると議論ができない」とか「金がかかる」とか「一般の国民が裁判のために何日も犠牲にするのは無理だ」と、わかりやすくて、正直言ってあまり程度の高くない意見だけど、人口に膾炙《かいしゃ》しやすいのです。それをどうやって乗り越えていくかということが大事なのですが、実際に六人でも九人でもできる、評議するときにはこういうことが大事だというようなことを、裁判官の立場で日本裁判官ネットワークとして企画しながら訴えられればと思います。人数も少ないし、どれだけのことができるかわからないですけれど、個人的にはこの時代だからこそできることは今やらないといけないのではないかという感じが強いのです。

馬場　ただ評価・人事の透明化に関しては、最高裁事務総局の裁量的な権力を小さくする積極面だけでなく、裁判官にたいへん厳しい改革であることも理解しておかなければならない。

つまり客観的なデータや基準に基づいて、誰も否定できないかたちで「あっちの人は優秀。あなたは凡庸かそれ以下。だから彼・彼女はエリートコース。あなたはそれなりの待遇」という仕組みになる。また国民に開かれた人事、ということになると、これが組織内や関係者だけの話でなく、第三者も含めてある程度公けになる。

そのことをどう考えるか、どうしたらよいかという問題を突き詰めておかないと、裁判官評価や人事の透明化というのは、また非常に政治的なドロドロしたわけのわからないところへ行く危険があるなという感じがするわけです。

●忙し過ぎる裁判官

毛利　司法制度改革の、裁判官にとっての目的は何ですか？　裁判官の幸せではないのですか？　裁判官が裁判制度を考えていくのは、国民のための司法という高貴な目的もあるけれども、裁判官という人間の幸せというのも含まれているのではないですか？

僕は以前、日本裁判官ネットワークのパーティーで「年間、三〇〇件の仕事なんてできない」と言ってしまえばいいのに、そうしたら制度は変わるのにと発言しました。すると裁判官の人たちはみんな鼻白んだように見えました。「おれはできない」と個の名においていて言えないのですかね。

馬場　それはプライドがありますし。

浅見　心の中では皆さん思っておられるでしょうね。会話の中でもよく出ます。しかし、公けに言うのは違います。「予算や給源からしてすぐには無理なので、頑張ってもらいたい」と言われたら誠実な人なら反論できないでしょう。また、「できないなら辞めたらいい、ほかにできるやつがいっぱいいる」なんて仮に言われたら、キャリアとしてはたまりませんものね。

毛利　「一〇〇件だったらこれだけいい仕事ができます」と言えないのですか?

浅見　言っても、今言ったような反論が当然予想されるのです。

馬場　そこは「三年ごとの転勤だって別に断ればしまいではないか」とか「一〇年後に再任拒否するならやってみろ。どこの支部に飛ばされても怖くないぞ」と言えたらそれは変わるのですけれど、言えない。機構を変えないといけないので、歴史的につくられたものを頭を切り換えれば終わりだというようにはならない。

浅見　仕事ができないと、再任拒否まではいかなくても、肩たたきのようなものはあると聞いたことがあります。仕事の内容というよりは日常処理していかなければ仕事が渋滞してしまいます。事件を溜めに溜めまくると次の人に迷惑かけるし、裁判受けている人も怒りだす。それが影響するのではないでしょうか。現在の仕事量がすぐには変わらなければ、サボタージュによって他の裁判官や当事者に迷惑をかけるのは絶対に避けるべきでしょう。

毛利　裁判官は特別に優れた者であるという思いが裁判官の中にあり、政治的に差別されていても、「仕事そのもので弱音を言ったら最後だ」というところがあって、その意識が過剰な仕事を支えている。

馬場　やはり誇りでしょう。世の中に裁判官ぐらい偉い仕事はないです。

毛利　いい発言が出ました(笑)。

馬場　憲法上の地位もそうでしょうし、人の不幸に最終的に法律で決着をつけ、「裁き」を与えるという役割を与えられていて、ある種、神に準じる位置ではないですか。民事の場合は「和解」というというのもあるかもわかりませんが、刑事の場合は神の権限ですね、裁くということは。その権限を人間界で与えられているのだからこんなすごい仕事はない。私は恐ろしくてやれない。

それだけの重責だからこそ、生活を犠牲にしながら追い立てられるようにその権限を行使するというのでは絶対にいけない。

毛利　ということは裁判官が言う前にまわりの市民が言わなくてはいけないのかな。裁判官に徹夜をさせない会を作るか(笑)。

馬場　多くの人はそんなにすさまじい生活をしているとは想像もしていないのではない

ですか？

浅見　ここ何年か文脈の中で弁護士会なんかも「忙し過ぎる裁判官」ということで人数を増やそうと主張しているのですが、裁判官としては弱音を吐きたくないというのが非常に強いようです。弱音を吐くことは自分が能力がないとか、できないことを認めることになるのでしたくない。そういうプライド自体は否定することまでは難しいでしょう。しかし一方で、裁判官の人数を増やし、一人当たりの仕事を減らすということになると当然給料も下がるだろうと考えている人もおられると思います。また、裁判官の質を低下させてしまうだろうということを考えている人もおられるみたいです。今のように少数精鋭で、しかもたくさん仕事をやって、給料も高いというほうがまだいい。これが人数が増えて有象無象の人が入ってきて、言葉悪いですけれど質も低下して、かつ給料も下がるというのは最悪と思っている裁判官はわりにいるのではないでしょうか。本音のところで実は増やしたくないと言っている人もいるのです。だから、悪循環になってしまうのです。

毛利　その人たちには「手一杯にならないか」という危惧はないのですか？

浅見　事務処理能力を高めて効率良く処理をすればいいという考えがあるのではないでしょうか。どこをどうやったら簡略化できるか、いらないことをそぎ落としていけるかという発想です。そういうことを一生懸命考えています。

馬場　その「効率」とか「処理」とかいう言葉に僕は抵抗があります。裁判官の現実を知らないとか、裁判官にも技術屋の側面はどうしてもあると言われればそうかもしれないですけれど、こうした「効率的な事件処理」という用語からは、裁判官の職責の「崇高さ」の「す」の字も感じないのです。やはり裁判官は高い地位を与えられている人で、単なる技術屋ではないので、そこを大事にしなくてはいけないはずなのです。

またこうした点から見ると、裁判官は本当はやらなくてもいい仕事を抱え込んでいるのではないかという感じもします。もう少し仕事の振り分けを効率性とかいうレベルで考えるんではなくて、本来裁判官がやるべき仕事がどこであって、そのためにはどういうふうに仕事を組んで人数はどのくらい増やすか、そういう大所高所的議論をしないといけないと思う。効率、事件処理という言葉自体が、裁判官の仕事を非常に卑しめている感じがするのです。

司法を語り継ぐ「場」をつくる

毛利　最後に、裁判官改革で何ができるかを考えて、座談会を終わりにしたいと思います。

浅見　「今、何ができるか」ということで、ぜひ皆さんの考えを聞かせていただきたいのです。

今日、歴史認識というものを毛利さんが持ち出されたので、まずこれについて語ると、先ほど司法改革の話とか臨司の時の話とかありましたけれど、司法についての歴史認識というのが若い世代にはほとんどないのではないかという感じがしてなりません。情報が断絶していると思います。実務の伝承はあるのですが、裁判所の歴史、裁判官の歴史、とくに苦い体験とかそれによる教訓というものは本当に伝承されてないです。ここに大きな問題があります。完全にアンタッチャブルの世界が青法協問題です。僕も修習生の時に「それに触れると任官できない」と口をすっぱくして何回もまわりから言われました。教官は露骨には言わなかったですが、修習生の前期の頃から耳にタコができるほど聞かされて、染みついているわけです。このタブーを解放するにはどうしたらいいのかと思います。

青法協問題の三〇年の歴史は非常に重いようです。何千何万の人が関与してきて培ってきた歴史なので、とても重いという感じがします。それで司法の発展のためにはこの重しを外さないといけない。さっき言った歴史的和解が本当に必要だと思います。僕はぜひ審議会の途中でやってほしいなと期待していたのです。批判とか憎しみではなくて、自分たちが変わっていくためにはやはり和解をしてほしい。できないのは、自分たちの過去の誤りを認めることになるから、自分が音頭取りをすると地位が危うくなるという怖れ、それから青年法律家協会がまた勢いを取り戻すのではないか、こういう心配があるのでしょうか。私は青法協が勢いを取り戻すことはないと思います。やはり時代の流れというのがあります。

もう一点は、若い世代の裁判官はみんな「原点」が希薄だなという感じがすることです。憲法や裁判所が予定していた裁判官像とは何かという原点へのこだわり、また個人的に法律家とか裁判官を目指した理由等もわりと希薄かなという感じがするのです。昔の人は戦争体験や生い立ちから強烈な思いを持っている人がいますが、若い人たちには原点が希薄で根本が揺れ動くところがあるのかなと思います。

また若い人も、私たち中堅も、そして先輩裁判官も、社会体制と国家体制の変化の中で司法をとらえる視点が非常に弱いと思います。冷戦構造が社会の中で崩れていっているので、司法でも当然崩れつつあると思うのです。そして、経済変動の中で司法は大きく変わろうとしています。この中で、次の司法像を描くためには大胆な発想も必要と思うのです。

こうした発想の中で、私たち昭和三〇年代生まれ以降の人間にできること、やることというのは何なのかというところだと思います。私個人は三四年生まれ、毛利さんは三三年、馬場さんは三七年ですか。僕は裁判所にいて非常につらかったというか、暗い時代のことを知っているわけです。今は昭和五〇年代生まれの人が裁判所に入ってきていますけれど、僕は青法協問題が落ち着いた直後に裁判官になりました。裁判所の雰囲気が本当に暗くて、何もできなかった時代のことを知っています。そういう空気の中で自分はどんなことを守り、苦労をしてきたのかということを言えるところもあります。青法協問題の中で、キャリアが非常に小さな枠に入って、その中で自分がつくられている。そのことに対するほろ苦い感傷みたいなものを若い人に伝える。今はまだ克服できないけれども、一緒に新しいものを作ろうというふうなことができないかなと思います。今後は、新たな裁判官像が必要です。新たな裁判所像も必要でしょう。実務の中核になり、そして、歴史的なことも伝えながら、下の世代とそうした新たなものが創造していけたらと思います。

毛利　世代を超えて伝えるという点で、大学で若い人とつきあっている馬場さんはどう考えられますか？

馬場　僕も講義では司法の冬の時代の話もしますが、その際などに感じるのは、社会、国家、法曹の役割などといった大きな原理やマクロな視点でものを考える人が減っているのではないか、というかそういう語りを気恥ずかしいものとさせてしまうような空気が存在するのではないか、ということです。天下国家ばかり論じる時代がいいとは限りませんが、その逆でも困るわけで、やはり一定はそれを再生させる必要があると思うわけです。

毛利　やはり言葉がなくなっているのですね。そういう大文字のことを語る言葉が。それはカッコ悪かったり、ダサかったり、うっとうしかったり。

馬場　言葉がなくなったというより僕は場がなくなっている感じがするのです。若い人たちと前の世代が集まって、伝えるというと「聞けよ、おまえら」という感じになりがちではないですか。そうではなく、語り合って「実はおじさんも昔はこんなんでね」みたいな昔話というのは、そんなに押しつけがましくなければ、知らない世界の話だからおもしろいはずだと思うのです。

そういう語りの場みたいなものをどうつくるかという話だと思うのです。そういう意味でも開かれた司法ということが重要だと思うのです。若手の今判事補の人たちが、人と出会う場に出てこない、弁護士会でも若い弁護士と中心メンバーが語り合ってやっているという感じではなくて、あまり出てこない。日弁連でも「若造に言ってきかせる」とか「使っている」とか、うちなる権威主義というのが生きている部分もあると思うのです。そうではない語る場をつくらなくてはいけないと思います。

裁判所の中にも中と外の間の接点としての場があるべきです。そしてこれは裁判所だけの問題ではなくて、あらゆるところに今必要な空間だと思われます。

浅見　集まってという空間は難しいかもしれないけれど、メールを使えばつくれないわけではないのです。馬場さんの指摘はとても重要ですね。

馬場　だから改革審の意見書で言われた「判事補の社会経験」の導入なども、そんなかたちで生かされていくといいかもわかりませんね。

毛利　今日は、ありがとうございました。

あとがき——勝村久司・理栄夫妻のことなど

この連載の始まるきっかけは京都だった。

漫画『家栽の人』の連載が終わった後、私はその反響の大きさとヒットがもたらす生活の激変に戸惑いながら暮らしていた。

作品が発表された後は読者の手にゆだねられるもので、作者は関係ない。そんな金言を知らなかったわけではない。

しかし『家栽の人』をめぐる法曹界の反応は、法曹界をまるで知らない私にとって不思議で、不可解なものばかりに見えた。

家裁調査官の人たちにやたら誉められるかと思えば、押し黙った暗い表情で見つめられる。有名な元裁判官に「あんな話はいいんだ」とソッポを向かれるかと思えば、高裁所長に着任した裁判官の新聞インタビューに「愛読書は家栽の人」と書かれているのを見る。弁護士会の講演に招かれる。調査官研修所の講師に招かれる。取材がしたいから出かけてみるものの、なぜ？　なぜ？　という問いがしきりに湧いてくる。

私の疑問は、たまたま裁判官が主人公とはいえ、たかが素人が書いたストーリーの漫画にどうしてプロの法曹関係者がこれほど関心を持つのだろう、ということだった。

「無視してくれればいいのに」。

あの漫画は若干の取材はしてあるけれど、あくまでバブル時代の潮流に棹さす物語として、広く読者一般に向けて書いたものだ。そういう思いがあった。

私は企画の段階で、裁判官・桑田義雄を神もしくはブッダにしようと目論んだ。バブルで浮かれる世相からこぼれ落ちた人たちに、金銭とは違う価値があることを静かに語り確認しあう存在の、職業がたまたま家裁の裁判官だっただけなのだ。

その物語が、私の知らない法曹界の文脈の中で上げたり下げたりして使われている。それは過密な締め切りに追い回されていた私の被害妄想だったかもしれないが、私が描く桑田判事の他にくっきりと顔の見える裁判官の姿が雑誌にも本にもまったく現れていないことが(私は仕事のために書店の本棚をひっくり返すような切実さでそれを捜していた)、不安をいっそう大きなものにしていった。

何かをはっきりと知ったわけではない。出会う裁判官や調査官の顔を見ているうち、裁判所は重くねじれた空気に支配されているらしい、と肌で感じたまでだ。

裁判官を神として描いていることに、ひどい罪悪感を感じるようになった。物語の中で不特定多数の人々に癒しを与えながら、一方では「こんな素敵な裁判官もいるよ」とデマを流し続けている。自分の仕事が良きものだと思えなくなった。ものを書き始めて、未だ経験したことのなかった苦しみが生活全体を覆うようになった。

裁判所のことを書くのはこりごりだ、と思った。『家裁の人』の連載終了後、「裁判ウォッチングの会」などの司法に関する市民運動に参加したのは、自分の書いたものを生身でいくらかでも修正していきたいと考えたからである。

「京都・当番弁護士を支える市民の会」の集会に呼ばれたのは一九九九年の秋のことである。二〇〇人ほどの集会で話しているうち、聴衆の中に際立った緊張感を発散する女性がいることに気がついた。

「あっ、殉教者がいる」。

なぜかそう思った。顔を見た瞬間、彼女が受け止めた不条理の大きさが目の前で広がっていくような気がした。なによりも、彼女は今もそれと真正面から向きあって、いきんでいる。そうしなければ倒れてしまう。そんな緊張感だった。

その人は甲山事件の被告人であった山田悦子さんだった。

集会後の懇親会で、山田さんは私を見つめて言った。

「あなたは、法とは言葉だ、そう言ったでしょ。その通りなのよ」。

圧倒されて顔色をなくしている私をそらとぼけているとでも感じたのだろうか、山田さんは気ぜわしくハンドバックを開いて、小さな手帳を取り出した。

「ほら、ここにちゃんと書いたんだから……」。

ポロポロと涙を流す以外に、私は答えを持っていなかった。彼女に比べれば、私はただただ法曹の奇怪さに怯え、逃げ回っていた。そのことを突きつけられたのだ。

そこに同席していたのが「裁判官のかたち」を企画した成澤壽信氏だった。二次会、三次会で飲みながら、私は法曹について何かを書くと成澤氏に向かって息巻いたのだった。

二〇〇一年の三月、私は再び京都に出かけた。

二〇〇〇年春にスタートした「裁判官のかたち」の連載は山口毅彦判事の回でいったん終了した。これ以上、裁判官のバラエティを確保することは現段階では望めないと感じたからだ。そこで、単行本の書き下ろし用に当事者の話を聞いたらどうか、というのが成澤氏の考えだった。

勝村久司・理栄夫妻は、安易な陣痛促進剤の使用によって初めて出産した子を失い、病院副院長と枚方市長を相手取り民事賠償を求めて提訴した。幸い、医療過誤事件のベテラン弁護士を代理人に得て裁判を行ったが、第一審では敗訴している。

「医師に何を訴えても、『これだけしゃべれるなら、まだまだや』と言われ、人間扱いされなかった。声を上げなかったら、立ち直れない状態でした。裁判ぐらいしかないのかな、と思ったんです。裁判は踏みにじられた人権を元に戻すための道のりでした」。

裁判を通じて夫妻はさまざまな体験をする。子どもの遺影を手に傍聴席に入ろうとすると、裁判長に拒否された。

「冷静に判断したいので、写真をしまってください」。

早口で、つっけんどんで、命令口調であった。

第一審の判決が出るまでに、次々に裁判官が代わり、理解してくれているのではないかと感じた裁判官がいなくなってしまった。

裁判が始まって三年後には合議体全員が一気に交替した揚げ句、和解を勧められた。

《いきなりの和解勧告だった。公判は数分で終わった。

「これまでの証人尋問を聞いた裁判官がみんないなくなってしまった」

ぼくはしばらく、事の重大さに言葉が出なくなった。

尋問調書が残っているといっても、答えに詰まったり、焦ったり、紅潮したり、苦笑いでごまかしたりした被告の表情などは一切記録されていない。傍聴に来てくださったたくさんの方々の真剣な眼差しの中で、妻が涙をこらえて述懐した証言も、新しい裁判官の心の中には何も刻まれていないのだ》(勝村久司著『ぼくの「星の王子さま」へ——医療裁判10年の記録』〔メディアワークス〕一六六頁)。

一つの判決を得るために、何人の、どんな名前の裁判官が係わったのかも記録上はわからない。突然、交替して判決を行った三人の裁判官の名前が書類に残っているだけだ。

出張鑑定尋問に同席すると、若い女性の左陪席が鑑定医に答えを求めようと必死に食い下がるのを見た。自分たち当事者のことなど眼中にないようであった。

夫妻の心の中にくっきりとした裁判官像は残っておらず、名前も性格も把握できない各裁判官の、訴訟指揮の断片が突き刺さっているだけのようだった。ベテラン弁護士を頼み、同様の被害者の組織に支えられて闘っていた夫妻ですら、その程度の情報しか入らないシステムなのである。

当事者にとってさえ、名前も人柄も判然としない裁判官とは、法の価値を誰に知らせようとする存在なのだろうか。

ひるがえって考えてみると、この「裁判官のかたち」を連載する間、私は何者であったのだろう。裁判官にとっては、ちょっと顔を見てみたい『家栽の人』原作者にすぎなかっただろう。なによりも裁判官に会えるのは、漫画の持っていた徳のおかげである。私自身、その立場を利用する明確な意志があった。どことなく身内のような気分があり、山田悦子さんや勝村夫妻のような厳しい緊張感の中で対峙していたわけではない。むしろ目の前の裁判官と同化しようとしてきた。

私はここ二〇年の間、宮本常一という民俗学者の業績に深い関心を持ってきた。彼は「土佐源氏」「梶田富五郎翁」といった幕末から明治にかけて生きた古老の一人語りを引き出し、見事なライフヒストリーを残した人だ。われわれは宮本の残した記録によって初めて、馬喰や漁師など基本的に文字のない人々の世界観を知ることができる。

自己を語るとは、嘘も真実も含めて、その人の世界観を語ることにほかならない。たとえモチーフや論理がどこかからの借用であったりつなぎあわせであったとしても、その人の語り口は、その時代、その人に固有のものだと私は考える。いや、語り口だけがその人なのである。私はそう考えて、裁判官のインタビューに臨んだ。

だから、この本に描かれているのは私と録音機器によって記録された裁判官の語りであり、自画像である。二十数年に及ぶ司法の冬をくぐりぬけた後に、裁判官たちがどのような語り口を持っていたかということを、この本は教えてくれるのだと思う。おそらく、さらに時が経過した時に、その資料的価値は倍増しているはずだと考えるのは手前味噌だろうか。

もちろん、本の限界もそこにあり、筆者自身が記録者という安全圏に身を隠しているとの恨みがあろう。山田悦子さんや勝村夫妻を心から喜ばせるような言葉はここにはないのだろう。ミイラとりがミイラになっただけだ、という批判を受ける覚悟もある。

それでも裁判所という深い闇の中からこれだけの肉声が聞こえ、世紀の変わり目にそれを保存できたことを、私は自分のために、素直に喜びたいと思っている。

巻末の座談会では、浅見宣義、馬場健一両氏の柔軟で深い見識によって、司法の歴史と未来を見渡すことができた。浅見氏とは氏の論文によって、馬場氏とはある教育裁判の同じ傍聴人として、知り合って一〇年近い。こうして同じ仕事ができためぐり合わせと幸せを今、噛みしめている。

この本の成立にあたって、筆者のあぶなっかしい方法論を見守りながら、常に支えていただいた現代人文社社長の成澤壽信氏に深く感謝します。

また『家栽の人』の生みの親である故・林洋一郎ビックコミックオリジナル編集長と漫画家の魚戸おさむ氏にこの本を捧げる身勝手を、お許しいただきたいと思う。この仕事は、自分の命である作品を憎悪してしまった罪人の、巡礼の旅でもあったからだ。

二〇〇一年一二月二五日　国東半島にて　毛利甚八

毛利甚八（もうり・じんぱち）
1958年長崎県佐世保市生まれ。旅と日本をこよなく愛するライターおよびマンガ原作者。主著に、『家栽の人』(原作、小学館)、『宮本常一を歩く上・下』(小学館) などがある。

裁判官のかたち

2002年２月20日　第１版第１刷発行
2007年12月８日　第１版第２刷発行

著　者　　毛利甚八
発行人　　成澤壽信
発行所　　株式会社 現代人文社
〒160-0004 東京都新宿区四谷2-10 八ッ橋ビル７階
Tel.03-5379-0307(代)　Fax.03-5379-5388
henshu@genjin.jp(編集)　hanbai@genjin.jp(販売)
http://www.genjin.jp
発売所　　株式会社 大学図書
印刷所　　株式会社 ミツワ
表紙デザイン　清水良洋

検印省略　Printed in JAPAN
ISBN978-4-87798-086-3 C0095